50 Porträts
aus dem aargauischen Kulturleben

aargauerleben

Herausgegeben von der Aargauischen Kulturstiftung Pro Argovia
in Zusammenarbeit mit der Aargauer Zeitung

hier + jetzt, Verlag für Kultur und Geschichte, Baden 2002

Inhalt

6 **Kultur, uns selbst zuliebe**
Hannes Schmid

KURT THUT
10 **Tüftler, Konstrukteur – und Unternehmer**
Christoph Bopp

EMMY HENZ-DIÉMAND
12 **Grenzen kann ich nicht anerkennen**
Sabine Altorfer

OTTO MÜLLER
14 **Der Traum von Hollywood**
Susanna Vanek

MAGDALENA RÜETSCHI
16 **Innere Wirklichkeiten ins Wort bringen**
Hannes Schmid

HANSPETER KERN
18 **Mister Operette ist ein absoluter Opernfan**
Hanny Dorer

RUEDI HÄUSERMANN
20 **Garantiert kein Schwindel**
Max Dohner

SANDRA RIPPSTEIN
22 **Flirt mit dem Publikum**
Silvia Schaub

LARS MÜLLER
24 **Die Welt im Buch erleben**
Hannes Schmid

WILFRIED ZOLLINGER
26 **Musik ist mein Lebenselixier**
Jörg Meier

ADRIAN MEYER
28 **der unschärfe schärfe verleihen**
Tanja Funk

SUSI HEID-ROTH
30 **Fragen kostet ja nichts**
Jörg Meier

MARGRIT UND JÖRG «GÖGG» MEIER
32 **Wir leben in und mit der Kunst**
Fränzi Zulauf

FULVIO CASTIGLIONI
34 **Demokratisierung der Küche, der Kunst und des Lebens**
Nicolas Gattlen

URS STÄUBLE
36 **Der Klang des Lebens im weit verzweigten Wipfel**
Hans Ulrich Glarner

BARBARA KELLER
38 **Faszination des Rollenwechsels**
Louis Probst

GÖGI HOFMANN
40 **Privat gibts mich eigentlich nicht**
Max Dohner

JACQUELINE TANNER
42 **Von Tattoo bis Mundart**
Markus Bundi

STEPHANIE DÄTWYLER-FREI
44 **Die Krankheit hat mir viel Verzicht auferlegt**
Fränzi Zulauf

HANNES LEO MEIER
46 **Am Wendepunkt**
Jörg Meier

MARIANNE STREBEL
48 **Abtauchen in eine andere Welt**
Lis Frey

JULES BLOCH
50 **Gott treu sein und richtig leben**
Christoph Bopp

MICHEL METTLER
52 **Kunst autodidaktisch**
Bruno Meier

DORIS JANSER-DIGGELMANN
54 **Die Animierdame**
Yolanda Wyss-Meier

MARTIN INDLEKOFER
56 **Glanz und Glitter mit Leistung**
Susanna Vanek

REGULA SCHWEIZER-KELLER
58 **Das Theater oder: Eine Art *amour fou***
Tanja Funk

MATTHIAS DIETERLE
60 **Augwirbel-/Seele**
Markus Bundi

ELISABETH STAFFELBACH
62 **Die spannendsten Dinge in meinem Leben passieren in der Kulturszene**
Sabine Altorfer

MARK ROTH
64 **Theatermann mit Leib und Seele**
Silvia Schaub

HANSRUDOLF TWERENBOLD
66 **Bin diesem Beruf dankbar**
Max Dohner

MAX KALT
68 **Der Legionär**
Yolanda Wyss-Meier

HERBERT FREI
70 **Amateur war nie ein Schimpfwort für mich**
Christoph Bopp

HEIDI WIDMER
72 **Vom Dunkeln ins Licht**
Fränzi Zulauf

MICHAEL SCHÄRER
74 **Aarau – New York retour**
Marco Guetg

ELSI BRANDWEIN
76 **Tragbare Kultur**
Silvia Schaub

MARTHA JEREMIAS-LÜPOLD
78 **Singen ist etwas für die Seele**
Hanny Dorer

GEORG GISI
80 **Die Welt ist übervölkert von Wörtern**
Hannes Schmid

BEAT UNTERNÄHRER
82 **MA of opera**
Marco Guetg

PHILIPP WEISS
84 **Bauchsache**
Markus Bundi

ERIKA BRUGGMANN
86 **Der Traum vom eigenen Theater**
Hans Ulrich Glarner

THERES UND ROLAND EICHENBERGER-WALDE
88 **Es ist nie zu spät, etwas Neues zu lernen**
Jörg Meier

GEORG BAYER
90 **Ich wollte nicht nur hier wohnen, sondern auch hier leben**
Louis Probst

CLAUDIA KREIENBÜHL
92 **Wie der Vater, so die Tochter**
Susanna Vanek

HEINZ «GÖZI» MAHLER
94 **Esch doch no schöön**
Christoph Bopp

URSINA MATHIS-CASPARIS
96 **Die rote Zora**
Yolanda Wyss-Meier

JÜRG FURRER
98 **Meine Zeichnung soll zum Lesen animieren**
Hanny Dorer

HEINI KUNZ
100 **Der Kein-Lust-Fall ist bisher noch nie eingetreten**
Christoph Bopp

LENA VURMA
102 **culturaholic**
Nicolas Gattlen

CÉCILE LAUBACHER
104 **Verschillert, vergoethet und verkleistet**
Hannes Schmid

EWALD «WALO» ULYSSES LOCHER
106 **Ich verändere weder das kulturelle Leben noch die Welt oder Brugg**
Louis Probst

ALFRED WÄLCHLI
108 **graeugruetztens n wolkeband, chaosmeers n brandungsstrand…**
Hannes Schmid

110 **Autorinnen und Autoren**

Die Porträts sind fotografiert von Werner Rolli.

Das Ziel der schöpferischen Tätigkeit ist es, dass man sich selbst gibt. Boris Pasternak

Kultur, uns selbst zuliebe

Die Aargauische Kulturstiftung Pro Argovia schreibt 50 Jahre Kulturgeschichte, darum dieses Buch. Jubiläen haftet immer dieses Altern an, sie zwingen zum Zurückschauen, was doch gar nicht in diese von Egoismus und Gegenwart geprägte Zeit passen will. Aber die Pro Argovia hat Spuren gelegt, wichtige Akzente gesetzt, und da erinnert man sich an das Frisch-Wort: «Die Zeit verwandelt nicht, sie entfaltet nur.» Das beweist auch dieses nun vorliegende Jubiläums-Werk in Wort und Bild. Ein kurzes Klicken der Kamera, und der Klang des Augenblicks ist zu hören, hält fest, was die Zeit urbar macht. Es geht in diesem Buch nicht um Künstler-Ichs und Bühnenglanz. Es geht darum, die ganze Breite des kulturellen Lebens in einem Kanton einzufangen, im Bewusstsein allerdings, nur einen kleinen Teil eines grossen Ganzen zu vereinen; die Briefträgerin vorzustellen, die seit vielen Jahren im lokalen Laientheater auftritt, den professionellen Schauspieler einer freien Theatertruppe zu porträtieren. Es geht darum, Menschen vor die Kamera zu bitten, die mit ihrem Tun einen wichtigen Beitrag zum Kulturgeschehen leisten.

Die Frage, wie viel Kultur ein Land, eine Gesellschaft braucht, sie ist nicht quantitativ zu beantworten. Jeder Mensch braucht sie. Man muss Kultur nicht den Kunstschaffenden zuliebe unterstützen, sondern der Gemeinschaft zuliebe, oder noch bewusster, uns selbst zuliebe.

Was also hätte die Pro Argovia zu ihrem 50-Jahre-Jubiläum Besseres tun können, als mit diesem Bildband die Antwort zu geben auf die Frage, was denn Kultur zur sinnvollen Gestaltung des Lebens beitrage. 50 Personen aus dem Aargau: Handwerker, Künstlerinnen, Gestalter, Musiker, Dirigenten, Lehrerinnen, Theatermenschen, aus Dörfern, aus Städten werden vorgestellt, die als Hobby oder als Beruf das tun, was zur Kultur führt, was wir mit Kultur meinen. Der heutige Aargau hat keine grossen Theaterhäuser, keine Konzertsäle von nouvelscher Eleganz und architektonischer Monumentalität. Menschen, die im Aargau Kultur pflegen, sie finden sich nicht auf Briefmarken und nur ganz selten in Anthologien über Jahrhundert-Persönlichkeiten. Was also macht den Aargau zum viel zitierten *Kulturkanton?* Warum verdient er diesen Namen auch noch 200 Jahre nach Philipp Albert Stapfer, dem damaligen Minister der Helvetischen Republik, der uns mit seinem Engagement für Künste und Wissenschaften wahrscheinlich zu diesem schönen, im guten Sinne gemeinten Übernamen *Kulturkanton* verhalf? Das nun vorliegende Buch gibt eine von vielen möglichen Antworten auf diese *Kulturkanton-Frage*. Doch dazu ist es notwendig, noch einmal kurz diese Spuren zu begehen, die vor 50 Jahren zur Gründung der Pro Argovia führten; noch einmal diese Ideale eines neuen Kulturverständnisses zu streifen, die so wundersam seit 50 Jahren ihre Wirkung ganz im Sinne von Fontanes *Stechlin* zeigen, der sagte: «Alles Alte, soweit es Anspruch darauf hat, sollen wir lieben, aber für das Neue sollen wir recht eigentlich leben…»

Der Zeitpunkt für die Gründung einer solchen Stiftung war günstig. Die Welt boomte mit Wirtschaftswachstum, mit neuen Technologien und einem Gesellschaftswandel im Zeichen von Kultur, von Freiheit, von Rock'n'Roll und Voyeurismus. Und die künstlerische, aber auch die kulturpolitische Landschaft Aargau wartete nur auf einen guten Moment, um das Kulturdenken im Kanton zu festigen. Noch gab es kein Kunsthaus im Aargau, kein Symphonie-Orchester. Es fehlten die Kellertheater für eine provozierende Auseinandersetzung mit dem Alltag ebenso, wie das heute in diesem Kanton so lebendige Kinder- und Jugendtheater. Es gab auch kein Kulturgesetz. Kulturelles Brachland also in einer Nachkriegszeit, wo wirtschaftlicher Aufschwung den Atem der Zeit beherrschte. Aber es gab die Aargauische Kantonsschule in Aarau. Und es gab also jene Lehrer und Ehemaligen, die eine Idee verfolgten, die heute, rückblickend, Wichtiges, Entscheidendes für das kulturelle Leben im Aargau bedeuten sollte. Es war dieser Gedanke, eine Aargauer Kulturstiftung zu gründen. «Wir wollen eine Aargauische Kulturstiftung gründen, die den Tag überdauert und die – von uns ins Leben gerufen – hernach von der ganzen Bevölkerung unseres Kantons getragen und ausgebaut wird», ist in einem ersten Gründerbrief nachzulesen. Und weiter: «Zweck der Stiftung ist die Förderung von Kunst und Wissenschaft im Kanton Aargau, die Vermittlung des ererbten und insbesondere des zeitgenössischen Kulturgutes in allen Gegenden des Kantons Aargau.»

Der erste Stiftungsrat wurde seinem Versprechen, die Ziele der Statuten zu verfolgen, schon in den ersten Jahren mit grossem Einsatz gerecht. So war es die Pro Argovia, die zusammen mit der Pro Helvetia, der Neuen Helvetischen Gesellschaft und der Stiftung Schloss Lenzburg die Gründung des Stapferhauses auf der Lenzburg als einen der wichtigsten Akte des kulturellen Auftrags vorantrieb. Später kam die denkwürdige Abstimmung über das Kulturprozent, das Kulturgesetz. Auch hier engagierte sich die Pro Argovia, zeigte, dass sie auch bereit war, zusammen mit vielen Kulturverbänden im Kanton kulturpolitische Weichen zu stellen.

Im Vordergrund der Aktivitäten allerdings stand immer die Förderung der Kunst und des kulturellen Lebens, Aktivitäten, die in die Gemeinden ausstrahlen sollten. So wurden Aufträge für Kompositionen an aargauische Musiker vergeben, es wurden Schriftstellertagungen und Kolloquien zu wissenschaftlichen Themen organisiert. Eine ganz besondere Aufgabe hatte die Stiftung mit der Verantwortlichkeit für den Schulhausschmuck (später *Kunst am Bau*) übernommen. Die Pro Argovia hat bis heute dem Kanton Aargau enorme Dienste geleistet. Und doch stellt sich für sie auch immer wieder die Frage: «Was können wir heute im kulturellen Bereich tun, was andere nicht auch schon tun? Was verstehen wir, und was verstehen die Bewohner dieses Kantons unter Kultur und Kulturförderung?»

Gewiss, die Sinnfrage stellt sich jedem Menschen anders. Darum ist Kultur in ihrem Wesen vielfältig und oft sehr persönlich geprägt. Und die Erkenntnis, dass die kulturelle Kraft dieses Kantons in der Vielfalt des aargauischen Kulturlebens liegt, hat nichts von ihrer Gültigkeit verloren. Der Aargau hat eine lebendige, vielfältige, regional differenzierte und in gewissen Fachbereichen qualitativ hoch stehende Kulturszene. Und in einer Sache ist man sich im Aargau besonders einig: Das für unseren Kanton charakteristische Bestreben, kulturelles Leben in allen Regionen, in den Städten und auf dem Land zu wecken und zu fördern, trägt seit Jahren Früchte. Daran gilt es festzuhalten, daraus wachsen die fundamentalen Kräfte, die vielleicht das Wort *Kulturkanton* verdienen. Der Name weist nicht nur auf Philipp Albert Stapfer und den einstigen Kulturkampf zwischen den Konfessionen hin, sondern ebenso sehr auf die Tatsache, dass es im Aargau schon ab dem 18. Jahrhundert in vielen Gemeinden Kulturgesellschaften gab.

Daran erinnert der heutige Stiftungsrat mit dieser Jubiläums-Buch-Idee. Wer sind die Menschen, die in dieser Zeit, in der viele Kräfte für den Wettlauf mit der wirtschaftlichen Zukunft mobilisiert werden, mit ihrem kulturellen Wirken auch nach den inneren Werten fragen? Dieses Buch zeigt in zufälliger Auswahl einige wenige von ihnen; es befragt Menschen, die in irgendeinem Winkel dieses Kantons, in irgendeiner Nische, einer Kirche, in einem Atelier, auf einer Dorfbühne, in einem Konzertsaal oder auf einem Scheunenboden eines Kultur- und Kunstvereins, einer Lesegesellschaft oder eines kulturellen Zirkels ihre Kultur und Kreativität aktiv leben. Das lokale Kulturgeschehen, ob von Profis oder von Laien ausgeführt, ist ein Fundament, wo die schöpferische und geistige Entfaltung einer Gesellschaft ihren Anfang nimmt. Erwähnt sei hier auch die Schule mit ihren vielfältigen schöpferischen Möglichkeiten, gemeint ist aber auch das aktive Vereinsleben. Das alles geschieht dort, wo Kultur nicht nur als das Notwendige, sondern auch als das Selbstverständliche erkannt ist.

Und jetzt liegt es vor, dieses Buch, dieser Porträtband. Was ist es genau, was uns an Menschen interessiert? Mit jedem Foto wird etwas festgehalten, mit jedem Text wird eine kleine Lebensgeschichte erzählt. Die Neugier, wer denn wo Kultur macht, ist geweckt, und ein Text ruft nach einem Gesicht. Wahrnehmungen wecken Lust auf mehr. Da gehen wir doch an einer Bushaltestelle vorbei. Da sitzt eine betagte Frau mit Hut und einem jener Fliegennetze vor dem Gesicht, wie sie in der Nachkriegszeit Mode waren. Nichts, was aus den Augen zu lesen wäre, nichts zu erkennen. Daneben ein junger Mann mit Aktenköfferchen. Er wechselt von Minute zu Minute das Standbein, schaut genervt, überreizt auf seine Piaget-Uhr. Der Bus scheint sich verspätet zu haben. Der Mann verspürt seine Wirklichkeit ohne Zweifel im Hier und Jetzt einer Zeit, die keine Minuten zu verschenken hat. Nun, wer sind die beiden Menschen? Was hat ihnen die Zeit angetan, die gute, die schlechte? Und mehr noch, was haben sie der Zeit angetan? Die Suche nach einer Geschichte hinter dem Gesicht kann mitunter leidenschaftlich sein, aber auch fragend oder sich wundernd. Einzig die Kamera lässt keine Halbwahrheiten zu. Und es ist an uns, zu rätseln, was in jenem Kopf, hinter jenem Gesicht vorgeht oder verborgen bleibt.

Dieses Buch der Pro Argovia bleibt beim Menschen, bleibt bei der Kultur, bleibt beim Fundamentalen, das Kultur wachsen lässt. 50 Kulturtäter und Kulturtäterinnen und mit ihnen dieser Facettenreichtum einer Bilder-, Theater-, Literatur-, Blasmusik-, Tanz-, Chor- und Popwelt, die in unserem Kanton wirkt. Fachliche Höchstleistung, künstlerische Professionalität, begeisterndes Engagement oder erstaunliche Originalität – alles ist vertreten. Das Bekenntnis von Menschen zu einer lebendigen Kultur. Sich in Beruf und Hobby zu beweisen, das trifft auf viele zu, denen wir hier unters Fliegennetz schauen dürfen. Zeitporträts sind immer auch Momentaufnahmen. Die Menschen in diesem Buch stehen nicht für eine Gruppe, sondern für sich, alle für sich. Es sei denn, man wolle das Interesse an einer weitläufigen und differenziert zu bezeichnenden Kultur als Gemeinschaftlichkeit erkennen. Die unterschiedlichen Lebensbereiche der hier Porträtierten führen uns in neue Welten. Und die Autorinnen und Autoren, die für dieses Buch zu Begegnungen mit Menschen fanden, deren Denken und Tun in kurzen Texten festhielten, auch sie haben einen wichtigen Beitrag zur Kultur im Aargau geleistet. Porträts von Menschen schreiben oder lesen, das ist immer der Versuch, sich zurechtzufinden in einem andern Leben. Es führt vielleicht auch dazu, Gemeinsamkeiten zu entdecken. Das Pflänzchen Kultur, das sich nicht immer, aber doch immer wieder zu einem blühenden Baum entwickelt, es braucht die Pflege und die Liebe von Menschen.

HANNES SCHMID

KURT THUT

ist 1931 in Möriken geboren und lebt in Zürich. Nach der Schreinerlehre bildete er sich an der Kunstgewerbeschule Zürich zum Innenarchitekten aus. Zuerst als Architekt mit eigenem Büro in Zürich tätig, übernahm er 1976 die Schreinerei in Möriken, die er zum Möbelgeschäft umbaute. Thut Möbel produzieren und vertreiben ein schmales Sortiment von speziellen Möbeln, die der «Tüftler und Bastler» Kurt Thut entworfen hat.

Tüftler, Konstrukteur – und Unternehmer

Was ist Design? Wer jetzt eine hochtrabende Definition erwartet, die Essenz mit Existenz und das Ganze mit Eleganz, Substanz und Firlefanz verbindet, liegt falsch. Kurt Thut liefert so «per Äxgüsi» eine treffendere Formel, die aus seiner Bescheidenheit geboren ist, gleichzeitig aber einen sehr hohen Anspruch mitbringt: «Wir sind ein Kleinbetrieb von 15 Beschäftigten. Wir können nur überleben, wenn wir Produkte zu verkaufen haben, die es sonst nicht gibt.» Damit umschreibt er nicht nur seine Tätigkeit, sondern auch die Umstände, unter denen sich Kreativität entfaltet. Vielleicht ist es zu hochgestochen, hier von Sinn zu reden. Aber für Kurt Thut war es irgendwie schicksalshaft, als er 1976 nach dem Tod des Vaters die Schreinerei in Möriken übernahm, der die Rezession von 1975 nicht gut bekommen war. Eine «Überlebensübung» sei das gewesen. 1994 habe sich das Ganze praktisch wiederholt. Wieder machte die Rezession dem Unternehmen schwer zu schaffen.

«Unverwechselbarkeit» ist hier nicht ein schmückendes Etikett, sondern pure Notwendigkeit. Der Unternehmer Kurt Thut, der von sich selbst sagt, dass er praktisch der Einzige sei, der nicht nur entwerfe, sondern auch produziere, setzt den Designer Kurt Thut unter permanenten Erfolgsdruck. Kein «schwebendes Spiel der Einbildungskraft» oder dergleichen, sondern Ideen, die gleichzeitig nicht nur funktional, sondern auch «praktisch» einzigartig sind. «Reduktion» zum Beispiel ist nicht nur ein ästhetisches Kriterium, sondern soll auch Marktvorteile bringen: Weniger Gewicht und weniger Volumen erleichtern und verbilligen den Transport. So entstand auch sein berühmtes *Scherenbett*. Ein Bett aus «einem Minimum an Material» aber mit voller Funktionalität und gleichzeitig einer verblüffenden Lösung des «Haltbarkeitproblems»: «Ist man frisch verliebt, braucht man ein Bett, das maximal einen Meter breit ist; später darfs dann auch ein bisschen mehr sein.» Das *Scherenbett* ist in der Breite stufenlos verstellbar und kann deshalb jedem beliebigen Status einer Beziehung angepasst werden. Dass es dem Prinzip des Pfannenuntersatzes entsprach, das man eigentlich schon lange kannte, diese Erkenntnis stellte sich erst nachträglich ein.

Dieses Insistieren auf Umstände und Not könnte leicht die Geschichte verbergen. Natürlich hat nicht erst die Krise von 1975 Kurt Thut zum Designer gemacht. Innenarchitekt war der Berufswunsch, weil der Vater die Zeichnungen, die er jeweils von auswärts bestellte, wenn wieder Aussteuermöbel zu produzieren waren, teuer bezahlen musste. Erst nach der Schreinerlehre, die Kurt Thut hinter sich brachte, weil es der Vater wollte, bestand er die Aufnahmeprüfung zur Kunstgewerbeschule Zürich. Und betrat damit auch eine neue Welt. «Louis Armstrong und Sidney Bechet anstatt der Operette» und die Mondrian-Ausstellung im Kunsthaus («Zu Hause hatten wir nur Bilder, bei denen man sah, was drauf war.») öffneten den Blick und einen neuen Weg. Und bereits in den 50er-Jahren lieferte der Sohn aus Zürich dem Vater die Zeichnungen für neue Möbel, «reduziert, funktional und materialgerecht». Das Credo blieb, auch wenn Kurt Thut später Häuser baute. Und es blieb auch gültig, als Kurt Thut nach Möriken zurückkehrte und den Betrieb übernahm. Drei Tage kommt er aufs Land, wohnen blieb er in Zürich. Für die kreative Arbeit und auch weil man dort ungestört sei.

EMMY HENZ-DIÉMAND

ist 1937 in Olten geboren und lebt in Aarau. Als Pianistin war sie an unzähligen Musikprojekten und Festivals beteiligt und hat selber Projekte für zeitgenössische Musik lanciert. Sie arbeitet als Lehrerin, Gastprofessorin und war von 1990 bis 1994 Professorin an der Hochschule für Musik und Darstellende Kunst in Wien und bis 1991 Vizepräsidentin des Schweizer Musikrates.

Grenzen kann ich nicht anerkennen

Abgeschieden, im letzten Haus in Küttigen bei Aarau hat die Pianistin Emmy Henz-Diémand ihr Atelier, hier verbringt sie «fünf Stunden täglicher Einzelhaft» beim Üben, die restliche Zeit nutzt sie für die Planung von Projekten, Konzerten, für Kontakte und pädagogische Arbeiten. Zuhause ist sie überall dort, wo sie Auseinandersetzungen findet, ihre Erfahrungen weitergeben kann – und in den Konzertsälen der ganzen Welt.

Nach Aarau gekommen ist sie 1963 mit ihrem Mann Hans-Rudolf Henz. Aber der Aargau war für sie am Anfang kaum zu ertragen. «Mit meinen Interessen an zeitgenössischer Musik und Kunst fand ich keine Gesprächspartner im Aargau. Ich war völlig verzweifelt. Eine Oase war für mich das Künstlerhaus Boswil, die Begegnungen dort mit Komponisten und Musikwissenschaftern, die Diskussionen über Dinge, die mich interessierten.» Unterdessen hat sich die Musikszene im Aargau verändert – gerade auch dank Emmy Henz-Diémand. «Am Anfang war es schwierig, aber ich sagte mir, ich kann nicht warten, ich muss selber etwas tun, muss die Köpfe entstauben.» So gründete sie den *Gong*, eine Aargauer Sektion der *Jeunesses musicales*, und organisierte Konzertreihen. Und wenn die Leute nicht in Konzerte mit heutiger Musik kamen, reiste die Musikerin während zehn Jahren zu ihnen, mit dem Flügel auf ihrem legendären «Musigchare». Mobilität und Neugier auf andere Auffassungen sind ihr Lebensmotto: «Grenzen kann ich nicht anerkennen.» Begrenztes Denken in ihrer Umgebung löst bei ihr «Seelenasthma» aus.

Zeitgenössische Musik faszinierte Emmy Henz-Diémand bereits in ihrer Basler Studienzeit, aber trotzdem war es schwierig, nach ihrem Solistinnendiplom mit 30 Jahren einen eigenen Weg zu finden. Die Weiterbildung bei Yvonne Loriod-Messiaen und die Kurse bei Alfred Brendel prägten, ebenso die Begegnungen mit Olivier Messiaen, Mauricio Kagel, Klaus Huber, Geneviève Calame, Ernst Widmer und George Crumb. «Das war und ist mein grosses Glück, dass ich mit den Komponisten, die das 20. Jahrhundert geprägt haben, zusammenarbeiten durfte, ihnen Stücke vorspielen konnte und dadurch wahnsinnig viel gelernt habe.» Die Wertschätzung ist aber auch umgekehrt, viele Kompositionen wurden speziell für Emmy Henz-Diémand geschrieben und in der ganzen Welt aufgeführt. Doch für sie ist auch klar: «Meine Highlights haben nie nur ausschliesslich mit Musik zu tun, sie haben auch einen politischen, kulturpolitischen Inhalt. Als zum Beispiel die EWR-Abstimmung bachab ging, hat mich Rolf Liebermann mitten in der Nacht angerufen und gesagt, wir müssten etwas machen, das sei ganz schlecht für die Schweiz und die Schweizer Kultur. So entstanden die *Passages Européens*, ein wunderbares Festival in Mézières und Forum für Begegnungen über die Grenzen hinaus.»

Um das Werk, den bei ihr gelagerten Nachlass des Aargau-Brasilianers Ernst Widmer endlich bekannter zu machen, initiierte sie mit Margrith Bühler (und unterstützt von der Aargauer Regierung) das Austausch-Projekt *Inspiration Brasil*. Konzerte mit ihrem Axis Trio, neue Aufnahmen und Konzertreihen (das Gesamtwerk von George Crumb und Werke von Komponistinnen) sowie eine Arbeit mit Komponistinnen und Musikwissenschaftern über musikalische Wahrnehmung – ein weiteres Leitthema im Schaffen von Emmy Henz-Diémand – stehen bevor.

SABINE ALTORFER

OTTO MÜLLER

Jahrgang 1941, ist in Muri aufgewachsen und ausgebildeter Konditor. Mit seinen Amateur-Dokumentarfilmen hat er im In- und Ausland verschiedene Preise gewonnen. Er hat zuhause ein eigenes kleines Kino und Aufnahmestudio.

Der Traum von Hollywood

Ein Truthahn reisst aus dem Backofen aus und begibt sich auf Wanderschaft. Weil er dabei von einem Auto überfahren wird, kommt eine Gesellschaft am Thanksgiving-Day um ihren Hauptgang. Diese skurrile Geschichte erzählt der Murianer Otto Müller in seinem Kurzfilm, der in einem DOK-Porträt über Hobbyfilmer gezeigt wird. «Die wahren Liebhaber» heisst der Fernsehfilm, und der Titel trifft den Nagel auf den Kopf: Otto Müller ist Filmer aus Leidenschaft.

Gepackt hat es ihn als jungen Mann, als er als Patissier in Luxushotels tätig war und so in der Welt herumkam. In St. Moritz sah er Alfred Hitchcock, ein Erlebnis, das ihn geprägt hat. Otto Müller kaufte sich eine Kamera und hielt seine Eindrücke von den fremden Orten fest. Wenn er zuhause war, zeigte er seine Reiseimpressionen, «und das kam bei den Leuten damals sehr gut an». Der Erfolg liess Otto Müller träumen, «ich dachte wirklich, dass ich eines Tages entdeckt würde, in Hollywood als Kameramann arbeiten könnte». Nach Hollywood kam er zwar schon, aber nur als Tourist.

So sehr sich Otto Müller auch den Erfolg als Filmemacher wünschte, er blieb doch Realist. Und kehrte schliesslich in die Schweiz zurück, um in Muri die väterliche Bäckerei zu übernehmen. Diesem Broterwerb ist er bis heute treu geblieben. Denn zwar gewann Otto Müller zahlreiche Preise auf in- und ausländischen Amateurfilmfestivals, für den grossen Durchbruch reichte es ihm aber nie. Gewurmt habe ihn das schon manchmal, räumt er heute offen ein, «allerdings hätte ich, wenn ich tatsächlich im Hauptberuf Kameramann geworden wäre, ja doch nicht die eigenen Ideen umsetzen können, wäre Sachzwängen ausgeliefert gewesen». So konnte er aber seiner Fantasie freien Lauf lassen. Mit einer Einschränkung: Hauptsächlich Dokumentarfilme waren es, die Otto Müller drehte, «denn für Spielfilme braucht man Schauspieler».

Otto Müller drehte, Film um Film, «bei mir zuhause stapeln sich die Rollen kistenweise». Er war bei der letzten Fahrt der Furkabahn dabei, beobachtete in den 70er-Jahren das Leben in Muri, und Erika Burkart widmete er ein Porträt. Daneben musste er auch bittere Erfahrungen machen, etwa, als er einen Film über den Stierkampf drehte. «Ich wollte den Leuten zeigen, wie brutal der Stierkampf ist, damit sie dagegen sind, aber dann haben mir Kritiker entgegengehalten, ich würde mich am Sterben des Stiers ergötzen, und niemand wollte den Film zeigen.» Finanziert hat er seine Filme übrigens wiederum über die Filmerei, über Auftrags- und Werbefilme. Daneben richtete er sich zu Hause ein eigenes Kino und Aufnahmestudio, das *Studio M*, ein und war 25 Jahre lang Präsident des Aarauer Filmclubs, heute ist er noch dessen Ehrenpräsident.

Vielleicht, sagt er beim Abschied, mache ich jetzt dann anderes, als zu filmen. Ich habe ja noch andere Hobbys, etwa das Drachenfliegen. Übrigens, fügt er hinzu, übers Drachenfliegen, da könnte man einen tollen Film machen. Die Liebe zum Film, sie lässt ihn halt nicht los.

SUSANNA VANEK

MAGDALENA RÜETSCHI

ist 1923 geboren und in Schöftland aufgewachsen. Sie hat sich ursprünglich zur Lehrerin ausbilden lassen und später in Basel Psychologie studiert. Sie ist heute diplomierte analytische Psychologin, Lyrikerin und hat verschiedene Kinderbuchtexte verfasst.

Innere Wirklichkeiten ins Wort bringen

Eigentlich wollte ich mit ihr über ihre Gedichte sprechen, über Sätze wie «Meine Heimat ist ein Wörterbuch». Doch dann finden wir uns sehr schnell im Gespräch über die Geheimnisse einer unsichtbaren, unbewussten Welt, und wir stellen fest: Nicht nur die menschliche Existenz, nein, auch das Gedicht, eine tief empfundene Poesie, rührt an diesen Geheimnissen, lässt uns Dinge erahnen, die aus einer Tiefe mittels Worten zum Licht finden. Ein Wörterbuch kann Heimat sein für Menschen, denen das Wort so viel bedeutet, wie jene andere Stille, die uns eine Welt zu erschliessen vermag. Magdalena Rüetschi ist Psychotherapeutin und Dichterin zugleich, ist Kinderbuchautorin und in diesem Sinne auch so etwas wie eine Traumdeuterin, jemand, der weiss, dass Traumerleben wie kindliche Fantasie und Sprache zusammengehören, dass Botschaften der eigenen Bewusstseinstiefe innere Werte erschliessen.

Magadalena Rüetschi ist in Schöftland aufgewachsen. Schon als Kind wollte sie Lehrerin werden. Dass ihre Mutter schon Gedichte schrieb, hat ihre Nähe zur Sprache geprägt. Sie besuchte das Lehrerinnenseminar in Aarau und stand dann schon bald als blutjunge Lehrerin in Schöftland vor ihrer ersten Klasse. Doch dann zog es sie in die Fremde, in ein College nach England. Und dort sollte sie eine für sie wichtige Lebenserfahrung machen: Das College war ein Zentrum der Quäker-Gemeinschaft.

Es waren dies nicht nur in sozialer und religiöser Hinsicht Lehrmomente, die sie aufnahm, es galt hier in geforderter Stille und Abstinenz nach der inneren Freiheit, nach den Geheimnissen des Lebens zu forschen. So war es dann ein fast logischer Schritt, dass Magdalena Rüetschi später ein Psychologiestudium in Basel absolvierte und abschloss.

Eine Einheit von Aussersich- und Beisichsein fand sich immer wieder in Gedichten, die schon damals entstanden. Dazu erste Kinderbücher. Eines davon, «Die lange Reise nach Amerika», war gar ein Bestseller, war in Deutschland das *Kinderbuch des Monats*. Während mehrerer Jahre war sie psychologisch-erzieherisch tätig als Jugendhausleiterin in Genf, anschliessend als Lehrerin auf verschiedenen Schulstufen von der Mittelstufe der Primarschule bis zum Kindergärtnerinnen-Seminar. Und dann kam der Moment, der sie an das C.-G.-Jung-Institut Zürich führte, wo sie tiefenpsychologisch geschult wurde und wo sie heute noch als Lehranalytikerin verpflichtet ist.

Mosaiksteinchen im Kosmos vieler Traumanalysen hat sie gesammelt. Das Gedicht kann, wie der Traum, die Insel, das Zwischenland sein, in dem wir uns mit den Dingen auseinander setzen, die uns beschäftigen. «Ich bin so vielfach in den Nächten» heisst denn auch eine Sammlung von Traumgedichten, die Magadalena Rüetschi 1999 im Pendo-Verlag herausgegeben hat. Kaum ein grosser Name aus der Welt der Literatur, der sich nicht mit dem Wesen des Traums beschäftigt hätte. Jahre zuvor erschien im Waldgut-Verlag der Gedichtband «Pascals Zimmer». Und so findet diese Frau zwischen Beruf und Berufung immer wieder zur Heimat in den Wörtern. «Viele Menschen haben die Gabe verloren, in sich hineinhören zu können. Vielleicht ist es auch die Hektik und die Schnelllebigkeit dieser Zeit, die es verunmöglichen, der inneren Sprache zu folgen. Aber wenn die Menschheit eine Zukunft will, dann kommt sie aus dem Innern, aus dem Schöpferischen», sagt Magdalena Rüetschi, und wir erinnern uns, in einem ihrer Bücher den Satz gelesen zu haben: «Die Seele hat zwei Augen, das träumt er. / Das eine schaut auf die Stunden, das andere / schaut hindurch, / bis dort, wo die Dauer nie aufhört, / das Sehen im Schauen vergeht (Cees Nooteboom).»

HANSPETER KERN

geboren 1937 in Sissach, von Beruf Kaufmann, ist in Möriken-Wildegg nicht wegzudenken aus der Operettenlandschaft, als langjähriger Präsident des Männerchors, Sänger, Regisseur und Produktionsleiter der Möriker Operette.

Mister Operette ist ein absoluter Opernfan

Mehr als 40 aktive Jahre verbinden Hanspeter Kern mit der Möriker Operette: Zuerst als Mitglied des Männerchors, später als Solist vorwiegend in lustigen Rollen, dazwischen als Präsident, Regisseur und schliesslich als Entdecker von unbekannten Stücken und als Produktionsleiter.

Angefangen hatte alles, als er als Erstklässler den *Bettelstudenten* besuchen durfte und total fasziniert war, sowohl von der Musik wie auch vom Geschehen auf der Bühne. Die Liebe zur Operette begleitete ihn durch seine ganze Schulzeit und weckte in ihm den Wunsch, auch einmal dabei zu sein. Später verlagerte sich sein Interesse, zumindest als Zuhörer, mehr zur Oper. «Heute bin ich ein absoluter Opernfan und verpasse kaum eine neue Inszenierung des Opernhauses Zürich.» Seine profunden Kenntnisse über die Opernwelt erwarb er sich als Kritiker am Opernhaus Zürich. «Ich hatte immer Premierenbillette», hob er die finanziellen Vorteile dieser Tätigkeit hervor. Dass sein Bruder Musikgeschichte studierte, kam ihm dabei entgegen; von ihm konnte er manches lernen.

Sein Wunsch, in einer Operette mitzuwirken, sollte sich rasch erfüllen. «Als ich 1960 aus England zurückkam, war gerade der neue Saal in Möriken fertig geworden und man studierte den *Vogelhändler* ein. Ich trat dem Männerchor bei, sang auf der Bühne mit und durfte sogar einen Satz sagen», blickt Kern auf sein Operettendebüt zurück. Schon bald wurde er in den Vorstand des Männerchors gewählt und war damit jeweils auch in die Stückwahl involviert. Er begann, sich mit den Werken zu befassen, musste beurteilen, ob man für das jeweilige Stück die entsprechenden Leute hatte. War dies nicht der Fall, so musste man Unterstützung von auswärts holen. «So machten wir jedes Mal einen Schritt weiter vom Dorftheater weg zum professionellen Theater.»

Auch Kern selber entwickelte sich weiter, war 1969 erstmals Regieassistent, führte in den drei folgenden Aufführungen Regie und spielte daneben jeweils noch eine Rolle. Diese Doppelbelastung war zunehmend unbefriedigend. «Jetzt muss ein vollamtlicher Regisseur her», hiess es. Auch bei den Solisten kamen mehr und mehr Profis zum Zuge, wobei man die mittelschweren Rollen weiterhin mit Sängern aus den eigenen Reihen besetzte. Auf Hanspeter Kern fielen in der Regel die komischen Rollen, und er begeisterte als Enterich, als Frosch oder als Professor Würmchen. «Grosse Hauptpartien hätte ich nicht singen können. Bis zum Buffo hat es gerade noch gereicht.» Dafür setzte er sein schauspielerisches Talent umso besser ein. Tosender Beifall wurde ihm jeweils zuteil, und kaum jemand hätte gedacht, dass hinter dem lustigen «Haspi», wie er von seinen Freunden liebevoll genannt wird, ein trockener Bankier steckt.

«Es gibt doch auch andere Stücke», sagte sich Hanspeter Kern, als auf den Aargauer Bühnen immer wieder die gleichen Operetten gespielt wurden. So wurde es zu seinem Hobby, neue Werke zu suchen. *Banditenstreiche* war der erste Versuch, in der Operettenszene neue Wege zu beschreiten. Zu Beginn lief der Verkauf harzig. Dann gab es gute Kritiken, und die zweite Hälfte der Vorführungen war total ausverkauft. Beim *Obersteiger* lief es bereits besser, und auch *Der liebe Augustin* konnte sich nicht über mangelndes Interesse beklagen. Inzwischen ist die Lancierung unbekannter Stücke – sogar schweizerischer Erstaufführungen wie *Der Kellermeister*, *Der Vizeadmiral* und *Die Tochter des Tambourmajors* – fast zum Markenzeichen der Möriker Operette geworden, und dies ist nicht zuletzt das Verdienst von Hanspeter Kern.

HANNY DORER

RUEDI HÄUSERMANN

geboren 1948, ist in Lenzburg aufgewachsen und lebt heute noch dort. Bekannt geworden ist er als Musiker, Komponist, Theatermacher mit Produktionen etwa mit Giuseppe Reichmuth oder Christoph Marthaler. Heute hat er Engagements an verschiedenen Bühnen in der Schweiz und in Deutschland.

Garantiert kein Schwindel

Etwas schief hing die Tafel über dem Jahrmarktstand des Billigen Jakob. Ein Schulkind stoppte und las, was darauf gemalt war: «Garantiert kein Schwindel». Dann sah es zu, wie darunter die Leute sich vom Mundwerk des Händlers schwindlig reden liessen. Aber auch deshalb kauften sie, weil das, was sie kauften, nützlich schien. Das Kind musterte wieder den Mann, der hantierte und brüllte und flüsterte wie auf einer Bühne – kein Bluff. Ruedi Häusermann war dieses Kind in Lenzburg, aber offenbar da auch schon rätselhaft Teil des Billigen Jakob. Dessen Satz merkte er sich jedenfalls. Er fehlt heute in keinem Programmheft von Häusermanns Produktionen: Garantiert kein Schwindel.

Nun setzt sich die Welt gemeinhin zusammen aus Schwindel, wenn nicht Schlimmerem. Wäre dem anders, es bräuchte keine Künste, die nach Wahrheit suchen: Musik, Oper, Theater. Ruedi Häusermann verbindet sie alle. Findet nicht wie in der Mathematik eine Schnittmenge, sondern etwas Eigenes, ganz und gar Neues. Das tut er bei aller Improvisation so gründlich, damit ihm nie völlig schwindlig wird.

Doch er kennt sie: «Diese Abgründe...», sagt er unter dem Sonnenschirm, am Tisch seines wild wuchernden Gartens am Goffersberg, Bienen surren eckig im Lavendel, und mit der Hand deutet er über die aufgeschlagenen Bücher: Materialien zu Adolf Wölfli – Häusermanns nächstes Projekt für das Theater Basel. Bleistift-Hieroglyphen hier, Mikrogramme dort – es gibt Verwandtschaften zu einem anderen. Und tatsächlich: Auch mit Robert Walser hat sich Häusermann beschäftigt, eine «Wanderung mit Walser» in Musik und Szene gesetzt, für das Theater am Neumarkt in Zürich. Beides hat mit Häusermanns «Bockigkeit zu tun, auf das Kleine zu pochen, um woanders hin zu kommen».

Dabei sitzt er noch immer in Lenzburg, wo er – der einstige Kadett, Musiklehrer, Ökonomiestudent, Kapellmeister – angefangen hat, wovon er, auf seine Weise, immer ausgegangen ist (auf einer seiner CDs quietscht die Pforte zum Lenzburger *Himmelsleiterli*). Nicht von einer Mitte ausgegangen, wie Kreise auf einer Wasseroberfläche wachsen würden, wenn man einen Stein versenkt, sondern als wäre Häusermann selber dieser Stein und das Wasser zusammen. «Die kleine Welt kann in die grosse führen», sagt er, «aber mit Lenzburg hat das nichts zu tun.»

Auf manchen Fotos wirkt er adrett bürgerlich, besonders dort, wo er – «mit freundlichen Grüssen» – die eigene Biografie verfasst und bebildert: «Obwohl zu jener Zeit Hochkonjunktur herrschte, fand ich den Rank als Betriebswirt nicht und begann, barocke Querflöte zu studieren.» Die Zeitungen hingegen sprechen von einem «musikalischen Chaosforscher» (NZZ). «Seine Spezialität sind abartige Töne und gewöhnlichstes Verhalten» (Basler Zeitung). Wollte er nie ausbrechen? «Durch Musik kommt man in ein anderes Land», sagt er, «das kann das Bewusstsein schulen und entwickeln.»

Als Häusermann 1999 für seine Basler Inszenierung «Das Beste aus: Menschliches Versagen» den höchst dotierten Theaterpreis des deutschen Sprachraums bekam, den Bayrischen Theaterpreis, wünschte ihm der Schauspieler Ueli Jaeggi in München, er möge ein «Randständiger» bleiben. Will er das? Kann er das wirklich, jetzt noch, nach grossen Erfolgen auf den bedeutenden Bühnen von Wien, Berlin, Zürich und München? «Ränder sind an sich das Interessanteste», antwortet Häusermann, «wie bei einer Baumrinde. Ich kann mir vertrauen. Ich gehe exakt bis dorthin, wo ich es noch verstehe.»

Nächstes Jahr stellt Häusermann an der Ruhr-Triennale viele Hunderte von Menschen aus, er zeigt «das komische und traurige Phänomen des Homo sapiens».

Ganz ohne Schwindel: Wahrscheinlich ist der Billige Jakob auch darunter.

SANDRA RIPPSTEIN

Geboren 1975 in Zofingen. Von Beruf Bezirksschullehrerin, hat sie schon zahlreiche Auftritte als Sängerin mit verschiedenen Bands, unter anderem mit Joyful, Bluesaholics und Dieter Ammann, gehabt.

Flirt mit dem Publikum

Ihre Stimme verrät viel – wenn sie aus voller Kehle, rauchig und dennoch gefühlvoll, in die Nacht hinaussingt. Man stellt sich eine üppige, grosse, dunkle Mamma vor. Doch da steht eine junge, blonde Frau mit Brille, die breiten Zofinger Dialekt spricht: Sandra Rippstein.

Die Musik ist ihr Leben – und doch nicht ganz. Obwohl sie schon zig Auftritte mit Bands wie *Sweet Curry, Joyful* oder *Bluesaholics* hinter sich hat, ist für sie Musik immer noch vor allem Hobby. Wenn die ehemalige Nati-B-Handballerin am Esstisch in ihrer Zofinger Altstadtwohnung sitzt, die Fotoalben vor sich, die fein säuberlich jeden Auftritt dokumentieren, ist ihre Leidenschaft zur Musik spürbar. «Ich brauche die Auftritte», gesteht sie. «Ich stehe gerne im Mittelpunkt.» Inzwischen könne sie aber auch anderen den Vortritt lassen. Doch so selbstbewusst sie sich gibt, noch heute sei sie vor jedem Auftritt «füdle-nervös» – allerdings nur bis sie endlich auf die Bühne darf. Dann ist sie die Ruhe selbst, flirtet mit dem Publikum, geniesst den Auftritt bis zum letzten Ton.

Mit jungen 14 Jahren beginnt Sandra Rippstein konzertmässig Blues, Rock, Gospel und Soul zu singen. Daneben spielt sie Orgel, Klavier und Keyboard. Irgendwie logisch für sie, denn Vater wie Mutter seien sehr musikalisch und hätten ihr wohl das gute Musikgehör vererbt. Zuhause standen unzählige Instrumente herum. «Und da nimmt man halt mal eines in die Hand.» Mit den Noten allerdings stehe sie noch heute auf Kriegsfuss.

Kenner attestieren Sandra Rippstein ein grosses Talent. Das schmeichelt ihr, weiss sie doch, dass ihre Stimme an Reife gewonnen hat. Aber deshalb voll auf die Karte Musik setzen? Nein, dass dann doch nicht. Fehlt ihr dazu der Mut? «Ich bin zu ehrlich für dieses Geschäft», ist sie überzeugt. «Ich kann mich wohl auch zu wenig gut verkaufen – und verstellen mag ich mich schon gar nicht, ich bin eben wie ich bin.» Erfahrungen hat sie diesbezüglich bereits gesammelt. Mit gemischten Gefühlen erinnert sie sich an ihre Teilnahme am Kleinen Prix Walo 1996, als die Jury ihrer Meinung nach zu wenig auf die gesangliche Qualität, dafür umso mehr auf das Aussehen oder das Vitamin B der Finalisten geschaut hat – und sie leer ausging. Solche Erlebnisse schmerzen und gehen auch an der so ehrgeizig, selbstsicher und manchmal etwas burschikos wirkenden Sandra Rippstein nicht spurlos vorbei. Sie hat eben auch eine verletzliche und emotionale Seite. Und diese holt sie immer wieder auf den Boden zurück. Doch die vielen positiven Erinnerungen überwiegen: Da sind der Auftritt mit *Joyful* als Vorgruppe von Boney M. oder mit *Bluesaholics* als Vorgruppe von Polo Hofer, die Zusammenarbeit mit Peter Reber oder die zweimalige Teilnahme am Zofinger Heitere-Openair.

Sie entspreche nicht dem Bild – oder Image – einer Musikerin, findet sie. Sie sei extrem ordentlich und bekomme ein schlechtes Gewissen, wenn sie an einem schönen Samstagmorgen bis zwölf Uhr schlafe. Musik mache sie aber in erster Linie für sich selbst, weil es für sie befreiend sei. Und wenn das Publikum dabei voll mitgeht, «dann ist das doch einfach cool!»

Die Vorzeichen für eine Musikerkarriere standen für Sandra Rippstein noch nie so gut wie gerade jetzt. Sie steckt mitten im Aufbau ihrer neuen Band, die erstmals mit eigenen Songs auftreten will. Und im Herbst nimmt die Bezirksschullehrerin ihr Studium zur Musiklehrerin an der Fachhochschule in Basel auf.

Eben dreht auf dem CD-Player im Hintergrund Joe Cockers *Unchain my heart*, gesungen von Sandra Rippstein am letztjährigen Heitere-Openair. «Es ‹tschudderet› mich, wenn ich dieses Lied höre», sagt sie fast ein bisschen entschuldigend und fügt leise bei: «Je länger, je mehr wird mir bewusst, dass ich wohl nicht für die nächsten 50 Jahre im Lehrerberuf bleiben werde.»

SILVIA SCHAUB

LARS MÜLLER

ist 1955 in Oslo geboren und arbeitet als Grafiker, Buchgestalter und Verleger auf der Klosterhalbinsel in Wettingen. Sein Buchverlag besteht seit 1983. Er war und ist als Dozent an Hochschulen in Offenbach, Karlsruhe und Basel tätig und Mitglied in zahlreichen Kommissionen, Stiftungen und Jurys.

Die Welt im Buch erleben

Er gestaltet Bücher mit Leidenschaft. Lars Müller will damit eine Kultur dokumentieren, die dazu beitragen soll, die Achtung zum geschriebenen Wort, zum Bild und zur Kreativität beim Menschen zu erhalten. Dort, wo er in Wettingen sein Atelier führt, ratterten einst die Spinnmaschinen; die alte graue Limmat rauscht noch immer, Schaumkronen tragend, über das Wehr vor seinem Atelierfenster; es grübeln hier auch Kantonsschüler über Mathematikaufgaben oder über jene Geschichte, die präzis an diesem Ort vor 160 Jahren zur Klosteraufhebung führte. Was für ein Umfeld eines geistigen, verträumten und von der Geschichte belasteten Wirkens!

Lars Müller ist in Oslo geboren und in Baden aufgewachsen. Eigentlich wollte er Bühnenbildner werden. Das Theater hat ihn schon als Kind fasziniert. Und bei der einstigen *Claque,* unten in der Kronengasse in Baden, hat er Theaterluft geschnuppert, hat erste Bühnenbilder gebaut. Nach einer Lehre als Grafiker und Studien an der Kunstgewerbeschule in Zürich ging dann die Berufswahl doch in Richtung Gestaltung. «Schon beim Lesen eines Textes, beim Betrachten eines Kunstwerks entwickeln sich Gestaltungsideen für ein Buch, die Lust am Visuellen, die mich dann einfach hineinzieht.»

Was er mit einer fast schon akribischen Leidenschaft herstellt, sind Dokumente einer Zeitepoche, sind Zeugnisse von der Ästhetik einer Gesellschaft. Inzwischen ist Müller für seine Kreativität am Buch und fürs Buch mit internationalen Preisen ausgezeichnet worden. Regelmässig führt ihn der Weg ins Ausland, wo er sich mit renommierten Autoren, Künstlern und Designern trifft. «Der Beginn, die Idee für ein neues Projekt ist eine Feierstunde. Dann heisst es recherchieren, Entwürfe begutachten, kreative Vorschläge umsetzen, rechnen – auch das –, bis es dann zur zweiten Feierstunde kommt, dann, wenn das fertige Werk vorliegt, wenn die Zufriedenheit aller zu spüren ist.»

Es gibt Bücher, die ihre Zeit so treffen, dass sie über diese Zeit hinaus gegenwärtig bleiben. Die Lust am Gestalten, an typografischen Elementen, an Bildern, an einer Ästhetik und Dramaturgie der Buchherstellung sind die Merkmale, die den Verleger Lars Müller auszeichnen. Seine Bücher stehen in der Buchhandlung nicht im Sektor *Unterhaltungsliteratur,* aber wer zu den Regalen mit dem Themenkreis *Kunst, Philosophie, Architektur, Design* findet, der wird schnell auch auf die Werke aus dem Projektverlag Lars Müller stossen.

Lars Müller hat im Lauf seiner verlegerischen Arbeit unzählige Bücher gestaltet. Heiny Widmer, der einstige Direktor des Aargauer Kunsthauses, gab ihm erste Aufträge für Kunstbücher, Beat Wismer, der heutige Konservator, zog nach. Inzwischen liegen Katalog- und Buchgestaltungsaufträge von Museen aus aller Welt vor. Manchmal, wenn etwas Zeit bleibt, wird der Gestalter zum Vermittler, dann will er weitergeben, was sein Leben bereichert. Er lehrt an Universitäten und auf Vortragsreisen und dokumentiert eine visuelle Kultur, die im virtuellen Zeitalter immer mehr ins Nebensächliche zu verschwinden droht.

WILFRIED ZOLLINGER

Jahrgang 1947, lebt seit über 30 Jahren in Klingnau und arbeitet bei der ABB in Birr. Er hat verschiedene Musikgesellschaften dirigiert: Rekingen (1979), Leuggern (1980–1990), Jugendmusik Klingnau (1982–1988), Stadtmusik Lenzburg (1990–1993), ABB-Lehrlingsmusik (1985–1996) und Stadtmusik Klingnau (1996–2002). Von 1980 bis 1986 war er Musikschulleiter und Klarinettenlehrer in Klingnau.

Musik ist mein Lebenselixier

«Der Dirigent darf nicht einfach seine Ideen in den Verein projizieren. Wenn die Musik im Dialog mit den Musikern ausgewählt wird, gefällt sie auch dem Publikum, und der Verein hat Erfolg.»

Wilfried Zollinger, im Hauptberuf Personalverantwortlicher bei der ABB in Birr, sitzt in seinem wohlorganisierten Büro und erzählt von seiner ersten Passion: der Blasmusik. Geniesst er die Macht des Dirigenten vor versammeltem Korps? «Wer als Dirigent seine Macht ausspielen muss, wird auf die Dauer scheitern. Ich versuche, konsensorientiert zu arbeiten, stelle meine Kompetenz in den Dienst der Gemeinschaft.» Er tut und tat dies mit grossem Erfolg. Mitausgebildet von seinem Vorbild Herbert Frei, ist Zollinger als gefragter Dirigent seit bald einem Vierteljahrhundert im Aargau tätig; vorläufig letzte Station war die Stadtmusik Klingnau. «Eine schöne und intensive Zeit.» Neben den Probevorbereitungen, den wöchentlichen Proben und öffentlichen Auftritten waren das jährlich über 80 Zusammenkünfte mit der Stadtmusik. «Jetzt brauche ich eine Pause, um die Batterien wieder aufzuladen.» Dass er zurückkehren wird, ist für ihn klar. Ob als Musiker mit Klarinette und Saxofon, ob als Dirigent oder Musiklehrer, lässt er offen. «Musik ist mein Lebenselixier. Blasmusik gibt mir eine innere Zufriedenheit, ist für mich eine Art von Glück.» Einen Auftrag hat er bereits gefasst: Er ist Umsetzer der Bläsereinsätze für das grosse Spektakel *Komedia 2003* der Theatergruppe Klingnau.

Zollinger glaubt nicht, dass die Blasmusik in der Krise steckt. «Aber viele Vereine sind überbeansprucht. Zudem klappt die Nachwuchsförderung häufig nicht optimal. In der besseren Zusammenarbeit zwischen Musikschulen und Musikgesellschaften schlummert ein grosses Potenzial.» Zollinger weiss, wovon er spricht, war er doch während elf Jahren Dirigent der ABB-Lehrlingsmusik und von 1980 bis 1986 Leiter der Musikschule Klingnau. Der 55-Jährige erhielt mit neun Jahren seinen ersten Klarinettenunterricht in der Knabenmusik Wetzikon, besuchte später Kurse am Konservatorium in Neuenburg, absolvierte die Dirigentenausbildung beim Schweizerischen Blasmusikverband.

Die musikalische Auszeit kommt dem Familienmensch Zollinger sehr gelegen: Er ist häufiger zu Hause, hat so auch mehr Zeit für seine beiden Enkelkinder. Und er findet endlich Zeit für seine zweite Passion. Der Keller der Familie Zollinger hat sich in eine Töffwerkstatt verwandelt. Hier verwirklicht sich Dirigent Zollinger einen Jugendtraum: er restauriert alte Motorräder. Moto Guzzi, Ducati, Norton. Vier Maschinen hat er in Arbeit. Einst zum Wiederverkauf gedacht, kann er sich heute nicht mehr von ihnen trennen. So eine Ducati wäre ja auch später mal ein schönes Geschenk für ein Grosskind. Vorderhand braust er aber noch selber mit seinen Veteranen durch die Gegend. Nächstens wird er seine restaurierte Norton ES2 vorführen.

ADRIAN MEYER

jahrgang 1942, geboren und aufgewachsen in baden. er ist architekt bsa, seit 1970 mit eigenem büro in baden, seit 1994 professor für architektur an der eth zürich. er war mitglied der badener stadtbildkommission und präsident der trudelhaus-stiftung, zehn jahre im einwohnerrat und 1977 mitinitiant der mittlerweile aufgelösten *wettermacher*.

der unschärfe schärfe verleihen

was soll man auf so knapp bemessenem raum über einen schreiben, der sätze sagt wie: «kunst spiegelt nicht die gesellschaft wider, sondern verhält sich subversiv zu ihr». was also unterschlagen, wenn bloss 3300 zeichen inkl. leerschläge zur verfügung stehen?

(bis hier 536 zeichen)

man müsste wohl zuerst erwähnen, dass adrian meyer architekt ist, architekt in baden und, wie er sagt, «mit dieser stadt in schicksalshafter art notorisch verbunden». und dass er, professor der architektur, seit 2001 vorsteher des departementes architektur an der eth zürich ist.

man könnte nun auf seine bekanntesten bauwerke hinweisen, zum beispiel die kantonsschule wohlen, das swisscom-hochhaus in winterthur, die schulanlagen hps in wettingen und au-langmatt in brugg, den trafo-komplex oder die wohnkuben an der martinsbergstrasse in baden.

«architektur ist die kunst des bauens und denkens an stadt und landschaft»; noch so eine seiner verknappten formulierungen. will heissen: ein bauwerk muss nicht nur die bauvorschriften erfüllen, muss nicht nur funktionell und wirtschaftlich sein, es muss zudem in sich stimmig sein und als teil eines grösseren ganzen seine umgebung interpretieren – ohne anpässlerisch zu sein. ein anspruch, welcher in seiner radikalen subjektivität dem architekten oft quälend-intensive phasen abringt, bevor er auch nur einen strich aufs weisse papier setzen kann. die baute steht ja nicht im niemandsland. und dort soll sie, respektvoll, identität stiften: «viele unserer arbeiten sind an orten angesiedelt, die sich durch eine gewisse unschärfe definieren. indem ein bauwerk prägnanz ausstrahlt, wird auch die umgebung prägnanter, bekommt schärfe».

(was, schon 1651 zeichen!)

themenwechsel also, weitere engagements adrian meyers anschneiden. zum beispiel, dass er sich seinerzeit als einwohnerrat vehement dafür einsetzte, dass das einer modernen landschaftsarchitektur verpflichtete, aber in die jahre gekommene badener schwimmbad sanft renoviert wurde – in einer zeit, in welcher die abbruch-und-neubau-euphorie urständ feierte. oder dass er mitinitiant der stadtbildkommission und der trudel-stiftung für zeitgenössische kunst in baden war. und – er war auch mitbegründer und *spiritus rector* der famosen *wettermacher,* jener lockeren gruppe, die sich an vielen badenfahrten in szene zu setzen wusste.

doch wäre, trotz all dieser aufzählungen, seine spezielle beziehung zu baden nur andeutungsweise erfasst. adrian meyer, der hier aufgewachsen ist, lebt und arbeitet, verbindet mit dieser stadt ein liebevolles, aber auch kritisches verhältnis. kleinstadt ja, aber wenn, dann bitte mit profil. «baden hat in den letzten zehn jahren, gemessen an seinem anspruch, an identität verloren», stellt er fest. das ist ihm allerdings nicht gleichgültig. und so regt er an, fordernd, mitdenkend, engagiert. klar, dass er damit auch provoziert. doch interessiert ihn nicht so sehr die provokation als vielmehr die kreative kraft des subversiven, das unterlaufen des banalen.

damit wären die stichworte gefallen, um von seinen legendären fasnachtsauftritten als «ängeli» zu berichten. das «ängeli», seit jahren schon in der versenkung, hat nach wie vor kultstatus. unerreicht seine triefend-ironischen sprüche. unvergessen auch sein allerletzter, frecher reim, in welchem es badens stadtammann aufs korn nahm, indem es …

(3300 zeichen!)

TANJA FUNK

SUSI HEID-ROTH

Jahrgang 1965, lebt mit ihrer Familie in Rheinfelden, wo sie auch aufgewachsen ist. Die Direktionssekretärin und Hausfrau ist Vorsitzende des Vorstands der Theaterwerkstatt Rheinfelden und aktives Ensemblemitglied.

Fragen kostet ja nichts

«Nach der Matur wollte ich Schauspielerin werden», sagt Susi Heid. «Das Theater war damals mein grosser Traum.» Und ist sie es geworden? Sie lacht und schüttelt den Kopf. «Nein, ich wurde Direktionssekretärin, Mutter und Hausfrau. Und ich bin froh, dass es so gekommen ist. Ich vermisse nichts.» Sie ist in Rheinfelden aufgewachsen, lebt und arbeitet auch heute noch im Kurort. «Wir fühlen uns wohl hier.»

Ungebrochen aber ist ihre Leidenschaft fürs Theater. «Es fasziniert mich, wie beim Spielen unglaubliche Dinge passieren: plötzlich verstehe ich, was der Autor will. Oder ich entdecke neue Seiten an mir, erfahre viel darüber, wie wir miteinander umgehen.» Ihre liebste Rolle? «War auch gleichzeitig die schwierigste», sagt Susi Heid. In den *Präsidentinnen* von Werner Schwab spielte sie eine alte, garstige, lebensverneinende Frau. «Am Anfang dachte ich, das schaffe ich nie. Doch mit der Zeit gelang es mir, mich dem ‹Lebens-Gefühl› dieser Figur zu nähern – und dann konnte ich sie auch spielen. Doch als ich Fotos von mir in dieser Rolle sah, erschrak ich schon.» Um von der Figur der Alten ganz loszukommen, hat sie sich nach der Spielzeit die Haare gefärbt.

Susi Heid spielt nicht nur mit, sie ist auch Vorstandsvorsitzende der Theaterwerkstatt Rheinfelden. In dieser Funktion organisiert und leitet sie die Sitzungen, erledigt alles Schriftliche, sucht Sponsoren, kümmert sich um die Werbung, macht neue Spielorte ausfindig. Denn das ist typisch für die Theaterwerkstatt: Jede Produktion muss an einem andern Ort stattfinden; eine eigene Spielstätte ist leider noch nicht Realität geworden. Gespielt hat man schon im Luftschutzkeller, in der Kapuzinerkirche oder im alten Schlachthof. «Die Szenerie im Schlachthof war schon skurril. Bühne und Zuschauerraum richteten wir im grossen Estrich ein. Der Boden war anfänglich mit Blumenzwiebeln der Stadtgärtnerei ausgelegt, und im Sommer wurde es so heiss, dass wir auf dem Dach einen Gartenschlauch installieren mussten, der die Ziegel etwas abkühlte.»

Die Theaterwerkstatt Rheinfelden möchte Amateurtheater auf professionellem Niveau anbieten. Neben den Probearbeiten findet auch wöchentlich ein Theaterkurs unter Leitung eines Profis statt. Die Kurse werden nach wie vor von der Musikschule angeboten und organisiert. Die Werkstatt hat sich inzwischen die Struktur eines Vereins gegeben, der für alle offen ist. Neben dem Kursangebot soll mindestens eine Produktion pro Jahr mit eigenen Leuten erarbeitet werden. Seit 1997 mit dem *Portrait eines Planeten* von Friedrich Dürrenmatt die erste Inszenierung über die Bretter ging, agiert die Truppe äusserst erfolgreich und experimentiert mit verschiedensten Formen; mit dem *Letzten der feurigen Liebhaber* von Neil Simon im Frühling 2002 stand wieder eine publikumsverträgliche Komödie auf dem Plan. Nichts gegen eine lustige Komödie, sagt Susi Heid, aber eigentlich mag sie lieber anspruchsvollere Stücke.

Und wie geht es weiter? Wieder lacht Susi Heid. Sie hätte da schon eine Idee: Das ehemalige Grand Hôtel des Salines steht doch schon seit Jahren leer und bietet sich geradezu an für eine Produktion der Theaterwerkstatt. Fragen kostet ja nichts …

MARGRIT UND JÖRG «GÖGG» MEIER

Beide 1942 geboren – er aus Winterthur, sie aus Boswil –, haben Margrit und Jörg «Gögg» Meyer, er mittlerweile als Sekundarlehrer pensioniert, während Jahrzehnten eine Sammlung von Kunst aus Osteuropa aufgebaut, die Teil ihres Hauses in Boswil geworden ist.

Wir leben in und mit der Kunst

Museum, sagen Uneingeweihte; Kunstgalerie, sagen Unverständige. Doch beides trifft nicht zu. Margrit und Gögg Meier aus Boswil haben ihr prachtvolles, um 1690 erbautes Haus in Boswil von oben bis unten mit Kunstgegenständen ausgestattet. Nicht etwa ein Bild hier, eine Skulptur dort – sondern praktisch flächendeckend. Überall ist Kunst. Im Garten, in der Küche, in der Stube, im Schlafzimmer, im Treppenhaus und sogar im Estrich. Bilder, Skulpturen, Miniaturen, Keramiken hängen und stehen dicht an dicht – mehrere hundert, mindestens, müssen es sein. Dennoch sagen Margrit und Gögg Meier: «Das ist keine Ausstellung; wir leben mit und in diesen Kunstgegenständen.»

Tatsächlich haben die beiden nicht einfach möglichst viel Kunst zusammengerafft. Zu jedem einzelnen Gegenstand haben sie eine ganz spezielle Beziehung, hinter jedem steht ein Erlebnis, mit jedem ist eine persönliche Begegnung mit dem jeweiligen Kunstschaffenden verbunden. Die meisten dieser Kunstschaffenden stammen aus Osteuropa.

Gemeinsam haben Margrit und Gögg Meier vor gut 30 Jahren ihre Liebe zur osteuropäischen Kunst entdeckt. Sie reisten damals zum ersten Mal nach Polen und waren fasziniert: «Wir trafen freundliche, offene Menschen und eine Kunst, die anderen Gesetzmässigkeiten zu unterliegen schien, als die kopflastige Kunst des Westens», sagt Margrit Meier. Ihr Mann ergänzt: «Es waren einfache Menschen, die mit ihrem Malen, Schnitzen oder Bildhauern der einengenden politischen Realität etwas entgegensetzten, sie dadurch erträglicher machten, sich mit einer Art fantastischem Realismus dagegen auflehnten und eigene Welten gestalteten.» Der Reise nach Polen im Jahr 1970 folgten viele weitere. Jedes Mal nahmen Margrit und Gögg Meier neue Werke mit ins Freiamt, bald fügten sich auch Werke aus der damaligen Tschechoslowakei in die Sammlung ein. Das Haus in Boswil begann sich nach und nach zu füllen, die Kontakte zu den osteuropäischen Künstlern vertieften sich, dehnten sich aus. Manchen Künstlern haben Meiers zu einem Aufenthalt in der Schweiz und oft auch zu einem Auftrag verholfen. Jan J. Janczak etwa hat sich auf besondere Art bedankt. Er hat in der Stube von Margrit und Gögg Meier direkt auf die frisch abgelaugten Holztäfer-Platten wunderschöne Bilder gemalt. Freundschaftlich verbunden sind Margrit und Gögg Meier mit vielen osteuropäischen Künstlern, die sie auf ihren Reisen vor vielen Jahren für sich entdeckt hatten und die später berühmt wurden: beispielsweise mit Antoni Toborowicz, Tadeusz Kacalac, Krzystof Jackowski, Stanislaw Holda oder der Künstlerfamilie Zegadlo. «Wir haben uns immer sehr vieles angeschaut, und wir sind in einer Fülle von guten Arbeiten immer auch auf aussergewöhnliche, überdurchschnittliche Werke gestossen.»

Auch nach der politischen Öffnung im Osten blieben diese Freundschaften bestehen, weitere gesellten sich dazu. Und noch immer drängt es Margrit und Gögg Meier, nach Polen zu reisen, alte Freundschaften aufzufrischen, weitere Künstler kennen zu lernen. Mit grossem Interesse verfolgen sie die kulturelle Entwicklung im nachkommunistischen Polen.

Auf Voranmeldung dürfen auch Fremde in die märchenhafte Welt der privaten Kunstsammlung am Krummweg 2 eintauchen. Margrit und Gögg Meier haben viel zu zeigen, viel zu erzählen und manchmal sogar etwas Unverkäufliches zu verkaufen.

FRÄNZI ZULAUF

FULVIO CASTIGLIONI

geboren 1947 in Mailand, ist von Beruf Grafiker und hat sich in Zofingen als Galerist, Gestalter, Künstler, Diskussionsleiter und Kulturmensch einen Namen geschaffen.

Demokratisierung der Küche, der Kunst und des Lebens

Über seine Vergangenheit, die bewegten Jahre an der Kunstschule in Mailand, will er eigentlich nicht mehr reden: «Tempi passati!» Gut. Abgemacht. Doch mit der Gegenwart ist das so eine Sache, und in seinem, in Fulvio Castiglionis Fall, ist es noch ein wenig komplizierter. Aus jeder seiner Gesten, jedem seiner Worte, jedem Objekt, das durch seine Hände gleitet, blitzt Vergangenes nochmals auf, um – ruckzuck! – sogleich wieder im Regal zu verschwinden. Ein Regal, das in seinem Büro über zehn Meter, in seiner Wohnung gegenüber über fünfzehn und im Atelier nochmals zwanzig Meter ausnimmt. Rechnet man da noch die Weiten in seinem Kopf, all die Erinnerungen hinzu, so ergibt das eine Sammlung, die ihresgleichen sucht: Notizen, Hefte, Bücher, Bilder, Fotos, Bände, Biografien, Essays, Sonderbände, Zeichnungen, Objekte, Gespräche – Begegnungen mit einem ganzen Jahrhundert und darüber hinaus. Ob er ein Kopfmensch sei? Ein Radikal-Intellektueller? «Nein, Gott bewahre, ich bin Handwerker», wirft er ein, und in seinen Worten findet sich nicht der geringste Hauch von Koketterie. Oder einer wie auch immer gearteten Pose. Castiglioni ist ein *artista* im ursprünglichen Sinne des Wortes. Er ist einer, der sich über das Manuelle definiert. Der sich und die Welt jeden Tag aus eigener Hand ein wenig neu erschafft. Tagsüber als Grafiker im Büro und, wenn es eindunkelt, gestaltend und gestikulierend in seinem Atelier. «Ich brauche diese andere Sensibilität.» Im Atelier schöpft er Kraft und Ideen. Hier erholt er sich von der Arbeit, hier kämpft er gegen den zerstörerischen Sog von Routine und Oberflächlichkeit an. Heute fehle den meisten Leuten schlicht die Zeit zur Vertiefung. Oder sie nähmen sie sich nicht, sagt Castiglioni. Und «wer keine Zeit zu investieren bereit ist, der wird auch nichts verstehen». Nichts von dem, was den Zofinger Grafiker und ehemaligen Galeristen umtreibt: «das Leben als Ganzes». Ein Leben im Extrem, in der Spannung. Dimensionen, wie sie ein Joseph Beuys, ein Max Ernst oder Marcel Duchamp, um nur einige von Castiglionis Liebsten zu nennen, auszuloten sich aufmachten.

Wenn Castiglioni von der Demokratisierung der Kunst spricht, und die liegt ihm schwer am Herzen, so meint er damit nicht einen Volksaufmarsch vor dem verhüllten Berliner Reichstag – «eine laute Mode» – sondern einen tief greifenden Prozess: erst die Aneignung mentaler Instrumente, um ein Werk zu verstehen – Castiglioni setzte sich an unzähligen Schulen dafür ein –, dann aber auch die Aneignung der Werke selbst, besser: deren Reproduktion. Von all seinen Bildern fertigt Castiglioni Siebdrucke an, auf dass sich jedermann eines leisten kann.

Auch wenn sich dies heute ein wenig altertümlich, ja anrüchig anhört, ich wage es doch zu behaupten: Der Mann ist ein Idealist. Und mache mich mit einem bemalten Pack Spaghetti auf den Heimweg. «Spaghetti Castiglioni» steht auf der Packung. Dem Onkel gehört die Fabrik, dem Neffen die Geste: Demokratisierung der Küche, der Kunst und des Lebens.

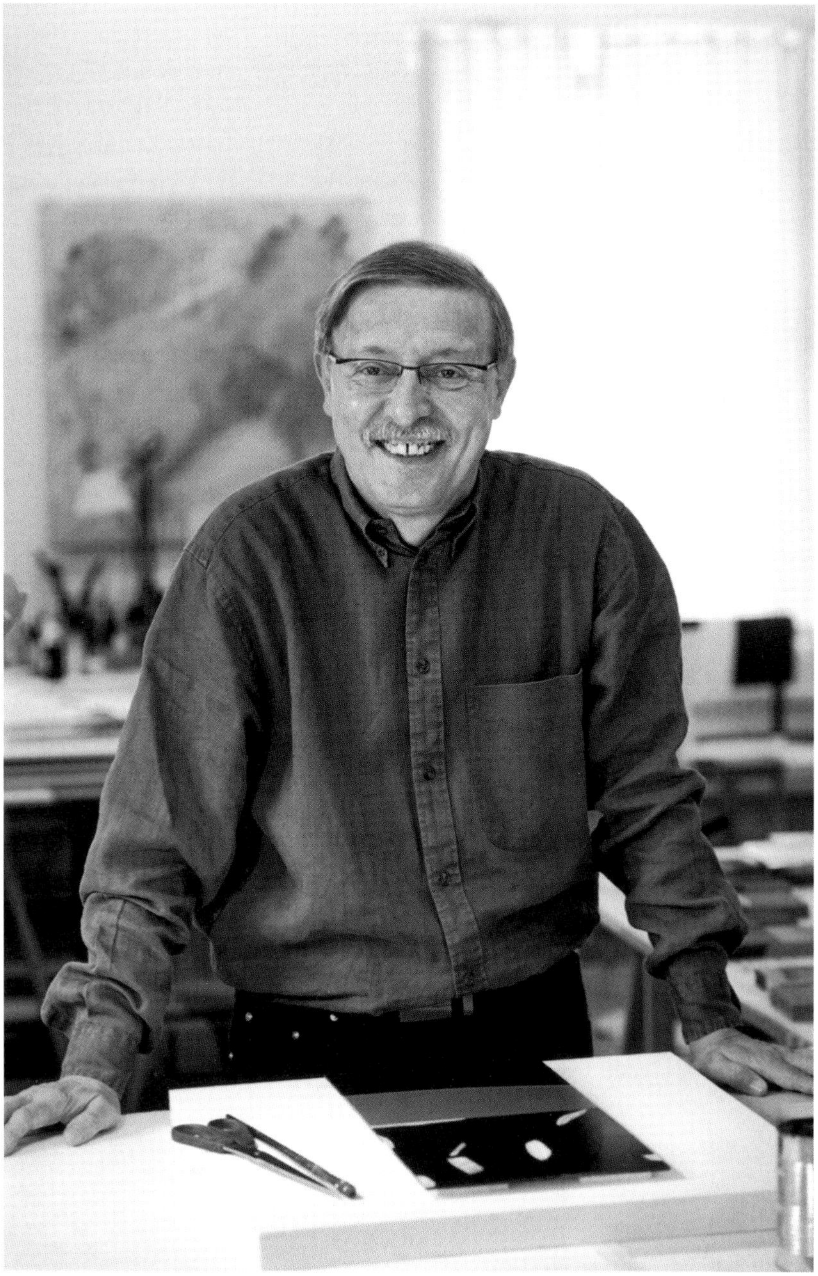

URS STÄUBLE

ist 1951 geboren, in Eiken aufgewachsen und lebt in Wittnau. Er hat das Lehrerseminar in Wettingen absolviert und in Basel und Wien Orgel, Klavier, Dirigieren und Chorleitung studiert. Er arbeitet als Dirigent mit verschiedenen Chören und Orchestern und lehrt an der Musikakademie Basel.

Der Klang des Lebens im weit verzweigten Wipfel

«Dass wir hier sind, hat mit Verwurzelung zu tun.» Urs Stäuble lässt den Blick über die Hänge des Altenbergs schweifen. In Wittnau haben die Stäubles auf dem Land der Grossmutter ihr Haus gebaut, tief in Landschaft und Kindheitserinnerungen eingebettet. Nur wenige Strassenkehren, und man ist über die Grenze im Kanton Solothurn oder Baselland. Und hinter den steilen Flanken des Tafeljuras verbergen sich Felder und Wiesen, über denen sich der Himmel 180 Grad weit spannt. Da hinauf führen die Spaziergänge von Urs und Daniela Stäuble, gelegentlich kommen auch Agnes und Julian noch mit.

Der Weg zum Musiker war nicht von klein auf vorgezeichnet. Zwar sang der Vater im Kirchen- und im Männerchor und am Sonntagmorgen beim Rasieren. Mit der Anschaffung eines Klaviers war es aber um den heranwachsenden Urs geschehen. Ein Staudamm schien zu brechen. Der Wettinger Seminarist erdreistete sich, einen eigenen Kammerchor zu gründen, was den Musikpäpsten im ehemaligen Kloster so sehr in die Nase stach, dass sie mit Exkommunikation liebäugelten. Man schrieb das Jahr 1968, und die Chorgründung eines 17-Jährigen wurde als Akt des Protestes verstanden, auch wenn barocke Weihnachtsmusik auf dem Programm stand. Talent und Durchhaltewillen des jungen Chorleiters waren stärker als die philiströsen Töne: Der Fricktaler Kammerchor gedieh prächtig. Engagements blieben nicht aus, und der Wynentaler, später der Badener und der Zurzacher Kammerchor warben um den erfolgreichen Dirigenten. Er sagte zu.

Stäuble dirigierte drei Chöre parallel und führte in grossen Co-Produktionen zusammen, was sonst im Aargau regionalpolitisch getrennt ist. Die Perlen der Oratorien-Literatur reihten sich zu legendären Aufführungen. In jedem einzelnen Chor wurde das Werk bis ins letzte Detail vorbereitet und kurz vor dem Konzert an Wochenenden zusammengeschweisst. «Das Ganze war mehr als die Summe der einzelnen Teile – Quantität, Qualität und Intensität stimmten überein.» Nach zwei Jahrzehnten intensivster Tätigkeit als Chorleiter gab er Baden und Zurzach ab. Geblieben ist der Fricktaler Kammerchor. Musik hat mit Verwurzelung zu tun.

Basis dieses erfolgreichen Wirkens ist ein Musikstudium in Basel und Wien. Urs Stäuble etablierte sich schrittweise auch als Orchesterdirigent. Während er es in seinen Chören hauptsächlich mit Laien zu tun hatte, arbeitete er bei den Orchestern bald nur noch mit Profis: «Ein Laienchor kann mit Fleiss, Stimmbildung und Begeisterung professionelles Niveau erreichen.» Dem Laienorchester sind engere Grenzen gesteckt. «Hier kann Begeisterung mitunter sogar hinderlich sein.» Stäuble ist Gastdirigent beim Musikkollegium Winterthur, bei der Südwestdeutschen Philharmonie und beim Aargauer Sinfonie-Orchester. Seit 1987 ist er künstlerischer Leiter des Konzertfonds Baden.

Unerbittlich streng soll er vor einem Konzert sein. «Ich fühle mich als Anwalt des Komponisten, muss alles daran setzen, dass dieser zu seinem Recht kommt.» Das erlaubt keine Kompromisse. Wer nicht bereit ist, mit Stäuble diesen anspruchsvollen Weg zu gehen, muss umkehren. «Wie will man eine Missa Solemnis zum Glühen bringen, wenn man innerlich nicht brennt?» Doch nach den Konzerten bricht sich der Geniesser in Urs Stäuble die Bahn. Da konnte es vorkommen, dass der Sissler Pinte-Wirt seine Gaststube nochmals öffnete, eine Dragonerrösti aufs Feuer setzte, sein Liederbuch hervorholte und man bis in die Morgenstunden feierte.

Die Entlastung bei den Chören erlaubt es dem Musiker, mit der Lebens- und Schaffenskraft haushälterischer umzugehen. Ausgewählte Orchesterdirigate, Kammermusik und sein Fricktaler Kammerchor stecken neben der Lehrtätigkeit an der Musik-Akademie Basel das berufliche Feld ab. Gelassenheit und Dankbarkeit sind zu wichtigen Facetten seines Alltags geworden. Lebensfreude hat mit Verwurzelung zu tun.

Der Rebell ist geblieben. Herrlich blitzt er auf in Stäubles Zeitungskolumnen. 51 sind in einem bordeauxroten Bändchen gesichert: Bloss die Zwischenbilanz eines aus starker Verwurzelung weit ausgreifenden Künstlerlebens.

HANS ULRICH GLARNER

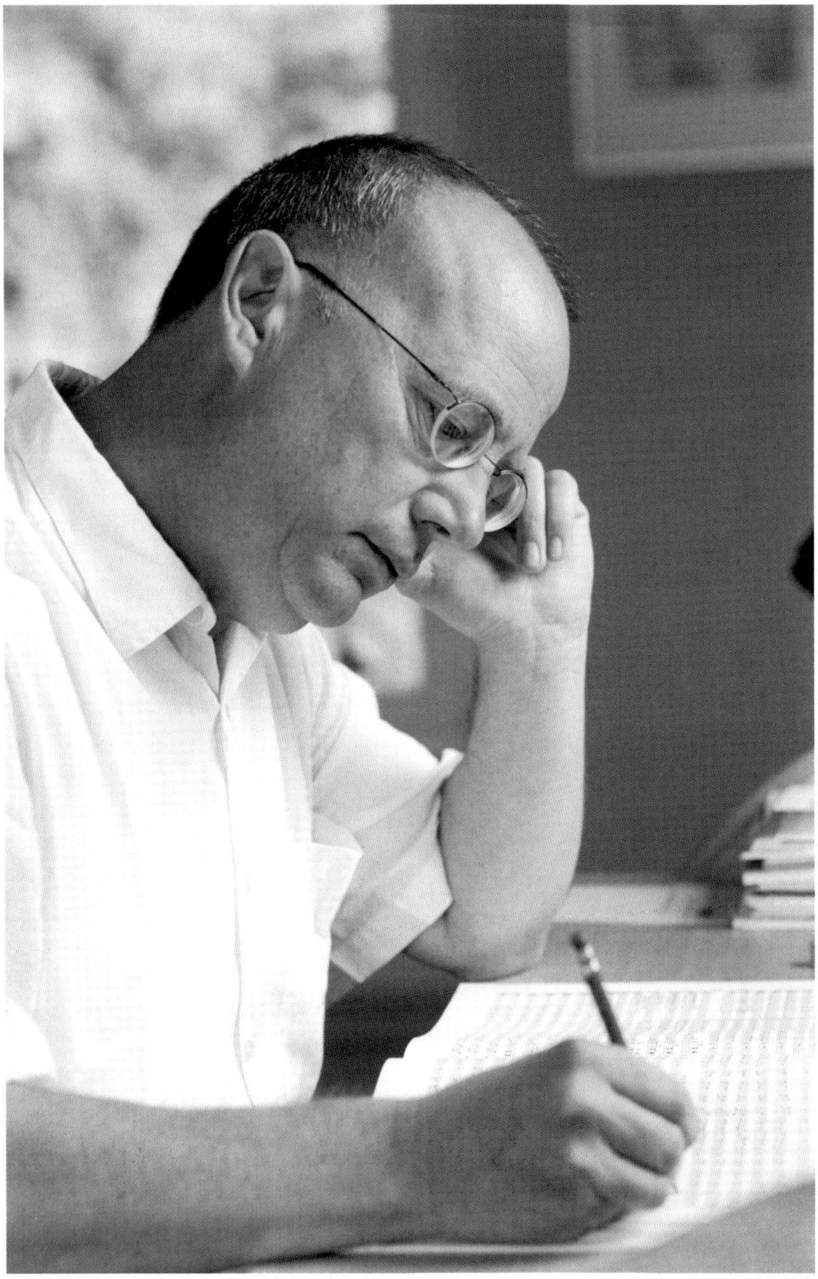

BARBARA KELLER

geboren 1945, ist Posthalterin in Hottwil und führt den Dorfladen. Als Laienschauspielerin gehört sie zu den Hottwiler Spielleuten, die in der Nachfolge der Theateraufführungen des Turnvereins und des Gemischten Chors die erfolgreiche Hottwiler Theatertradition weiterführen.

Faszination des Rollenwechsels

«In meiner ersten Rolle hatte ich die Frau meines Vaters zu spielen», lacht Barbara Keller. «Das war in einem Schwank mit dem Titel *Billige Ferien*. Der Altersunterschied betrug 33 Jahre...» Das war vor 37 Jahren. In der Zwischenzeit hat Barbara Keller, die seit 40 Jahren als Posthalterin und Briefträgerin in Personalunion wirkt und daneben den einzigen Dorfladen führt – die «Handlung Hans Keller», wie das Geschäft immer noch heisst –, unzählige Rollen gespielt. Zuletzt stand sie in der dramatischen Groteske *Gute Männer kommen in den Himmel* von Frank Fischer als Mutter Oberin auf der Bühne. «Meine letzte Rolle war nicht so schwierig», winkt sie bescheiden ab. «Ich hatte ja nur ein paar Sätze zu sprechen. Aber das gehört zum Theaterspielen. Das ist das Schöne daran.»

Barbara Kellers Weg zum Theater war zweifellos vorgezeichnet. «Mein Vater war ein leidenschaftlicher Theaterspieler. Einmal mussten wir zuhause sogar vorübergehend auf den Stubentisch verzichten, weil ihn Vater fürs Theater benötigte.» Die besondere Faszination liegt für sie im Rollenwechsel. «Ich spiele gern, weil ich dabei andere Menschen darstellen kann. Das Theater gibt mir die Möglichkeit, sozusagen aus der eigenen Haut zu schlüpfen. Durch meine Arbeit bei der Post wird mein Leben stark durch Formalität geprägt. Das Theater gibt mir die Möglichkeit, für kurze Zeit jemand anders zu sein.»

Barbara Keller hat im Lauf ihres langen Mitwirkens die Entwicklung des Hottwiler Dorftheaters hautnah miterlebt. «Früher führten der Turnverein mit der Damen- und Männerriege und der Gemischte Chor abwechslungsweise jedes Jahr ein Stück auf. Ich war sowohl in der Damenriege als auch im Gemischten Chor Mitglied. So konnte ich jedes Jahr in einem Theater mitwirken.»

Seit einigen Jahren wird die lange Theatertradition des Dorfes durch einen eigenen Verein, die Hottwiler Spielleute, weitergeführt. Vor rund zwei Jahrzehnten schon hatte, beeinflusst vor allem durch den Regisseur Thomas Senn und den Profi-Bühnenbildner Roland Oberholzer, eine Neuorientierung in der Stückwahl eingesetzt. Standen früher meist Schwänke auf dem Programm, gelangt heute anspruchsvollere Literatur zur Aufführung. «Es gibt sicher heute noch Leute, welche die Schwänke vermissen», räumt Barbara Keller ein. «Persönlich finde ich jedoch den Übergang zu anderen Genres gut. Das Theater wird sonst eintönig. Ich möchte die Schwänke aber nicht etwa negativ beurteilen. Wir haben uns einfach weiterentwickelt. Die neuen Stücke fordern zwar stärker, aber sie befriedigen auch. Es gibt natürlich mehr Kritik. Aber wir haben schliesslich auch ein anderes Publikum.»

Unter den vielen Rollen, die Barbara Keller bisher verkörpert hat – «ich habe nie gesagt: ich möchte diese Rolle nicht» – gefielen ihr besonders diejenige des Dienstmädchens im *Eingebildeten Kranken* und diejenige der Frau des Taxichauffeurs in *Der Tag, als der Papst gekidnappt wurde*. Und auf die Frage nach ihrer Traumrolle meinte sie ohne Zögern: «In *Arsen und Spitzenhäubchen* würde ich gern mal mitwirken. Das wäre mein Traum. Aber vielleicht erlebe ich das ja noch. Auch mein Vater hat sein Leben lang von einer Rolle geschwärmt. Man hat eben so seine Träume.»

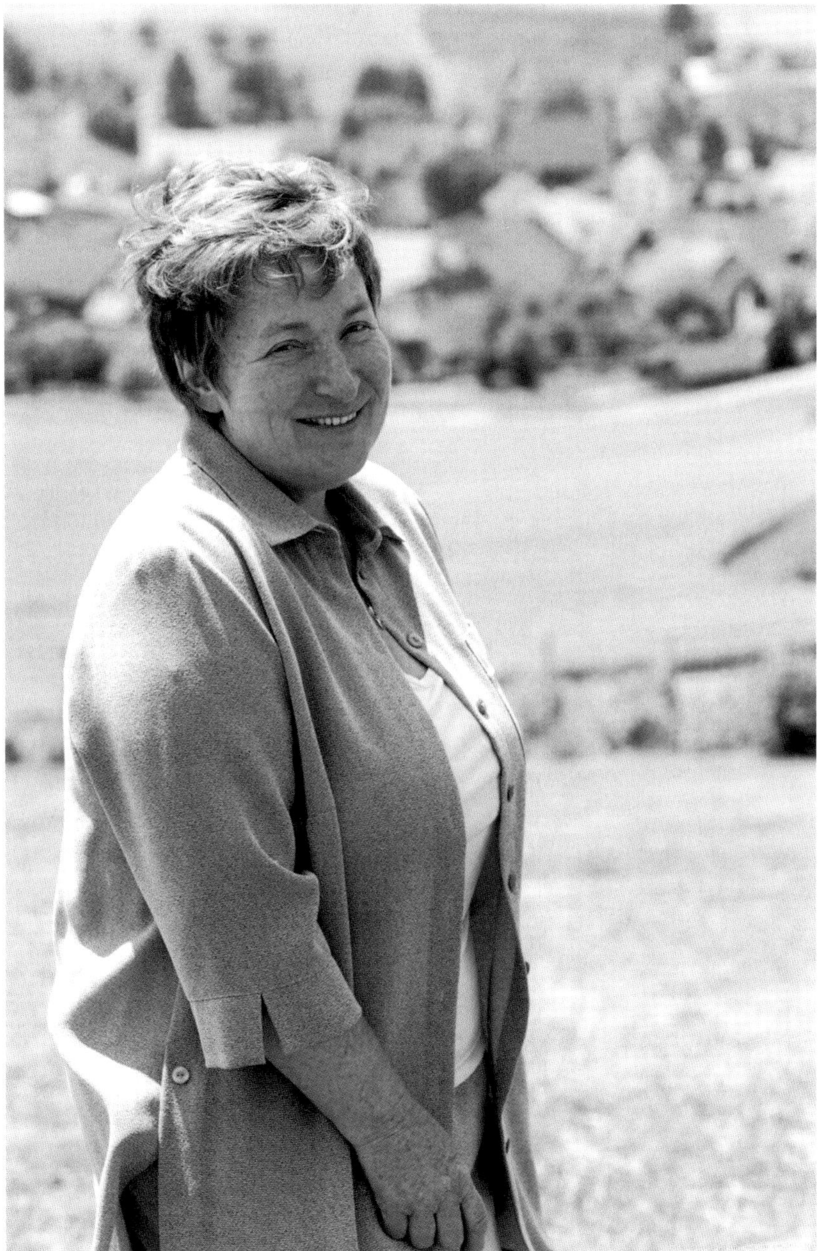

GÖGI HOFMANN

1956 in Zofingen geboren und immer noch dort lebend. Er hat in verschiedenen Theaterprojekten mitgearbeitet, so im STEINBRUCH von Karls Kühne Gassenschau oder am MAD-Theater in Bern, hat TV-Rollen gehabt bei Viktors Spätprogramm oder beim Mannezimmer und ist unterwegs als «Komischer Sachbearbeiter».

Privat gibts mich eigentlich nicht

Jeder Mensch habe komisches Potenzial, sagt Gögi Hofmann im Zofinger Café *Spettacolo,* unmittelbar neben dem Bahnhof, da, wo er häufig sitzt: «Schauen Sie mal! Zum Beispiel jene Frau dort: der merkwürdige Gang, wie sie die Arme schwenkt…» Da sei das Übertriebene, jenes Element, das angeblich der Komiker seiner Parodie erst beimische, bereits da.

Das ist wohl der Blick des Sammlers, desjenigen, der mehr Figuren als nur die eigene Komikermaske zuhause im Spiegel kennt. «Man muss Bescheid wissen über eine Figur», sagt Hofmann, «sich in sie hineinlesen. Und das geschieht häufig über präzise Fakten.» Nicht selten fährt er deswegen mit dem Zug bereits als jene Figur an den Ort, wo er sie erst spielen soll, um sich richtig «einzulesen», nimmt also lieber die Figur statt sich selber mit. Überhaupt arbeite er am liebsten «verdeckt», sagt er, denn: «Privat gibts mich eigentlich nicht.»

Es sei ein heikler Beruf, den er ausübe, fährt Hofmann fort, der heute zur Gänze von seiner Spezialität – «Komischer Sachbearbeiter» – leben kann. Anderseits räumt er auch ein, dass berechtigt sei, was kürzlich ein Bekannter zu ihm gesagt habe: «Du hast doch ein lässiges Leben, du kannst Leute verarschen mit der versteckten Kamera.» Das macht Hofmann in der Tat, früher regelmässig für den inzwischen eingestellten Sender TV3, heute bei Firmenanlässen, Geschäftstreffen oder Empfängen, deren Steifheit Viele fürchten, so dass man noch so froh ist um jemanden, der das Ganze erstens etwas bricht und zweitens jene Stimmung schafft, in der Manches leichter, entkrampfter fliesst. *Socializing* ist auch in der Schweiz inzwischen ein reger Markt.

Wer von aussen kommt, um eine an sich komische Gruppe aufzulockern, eine Gruppe, die sich furchtbar ernst nimmt, muss sich zuvor vielleicht einmal selbst nach aussen katapultiert haben. Gögi Hofmann wurde zunächst in eine KV-Lehre bei der Kleiderfirma Ritex gesteckt. Da war sein erster Traum bereits geplatzt, der, Sportlehrer zu werden. Möglicherweise passte er dafür jetzt besser auf, sich nicht wieder in eine Enttäuschung manövrieren zu lassen: «Dieser Montag-bis-Freitag-Tramp bis 65, das konnte es doch nicht sein.»

Er begann mit Pantomime, wurde fürs *Läbige Zofige* Einwohnerrat und wählte später für sich das «Vabanque-Spiel», wie er es nennt: Jene Zwischenzone, in der eine Figur über die Fakten, die sich Gögi Hofmann zu ihr aneignet, halb noch wirklich scheint und halb schon komisch, weil er sie improvisiert und parodiert. Das Publikum soll unschlüssig bleiben und lange nicht entscheiden können, zu welcher Option es tendiert: echt oder gespielt? In dieser Art von Berufs wegen zu lavieren, das mag er, das ist sein Anliegen, darum hält sich Hofmann heute für privilegiert: «Jeder Tag ist anders. Regelmässig werde ich bei den Firmen mit offenen Armen empfangen. Sie schätzen es, wenn man die Welt des Business versteht.» Hat er nie Lust gehabt, einmal auch zu wechseln, etwa ins seriöse Fach? «Privat lache ich selten», antwortet er, «aber Irritationen auszulösen, Konventionen zu brechen, was sich im Lachen manifestiert, das ist mir wichtig.»

Gögi Hofmanns Metier läuft offenbar gut. Demnächst kann er es sich – erstmals im Leben, sagt er – erlauben, zwei Monate auf Studienurlaub zu gehen. In England lernt er Englisch. Wie gewohnt stellt er dafür ab Abfahrt des Zuges in Zofingen völlig um: kein Wort Schweizerdeutsch mehr! Dann rede er ausschliesslich Englisch – und, so fügt er an: «Vielleicht nehme ich auch zwei oder drei Figuren mit.»

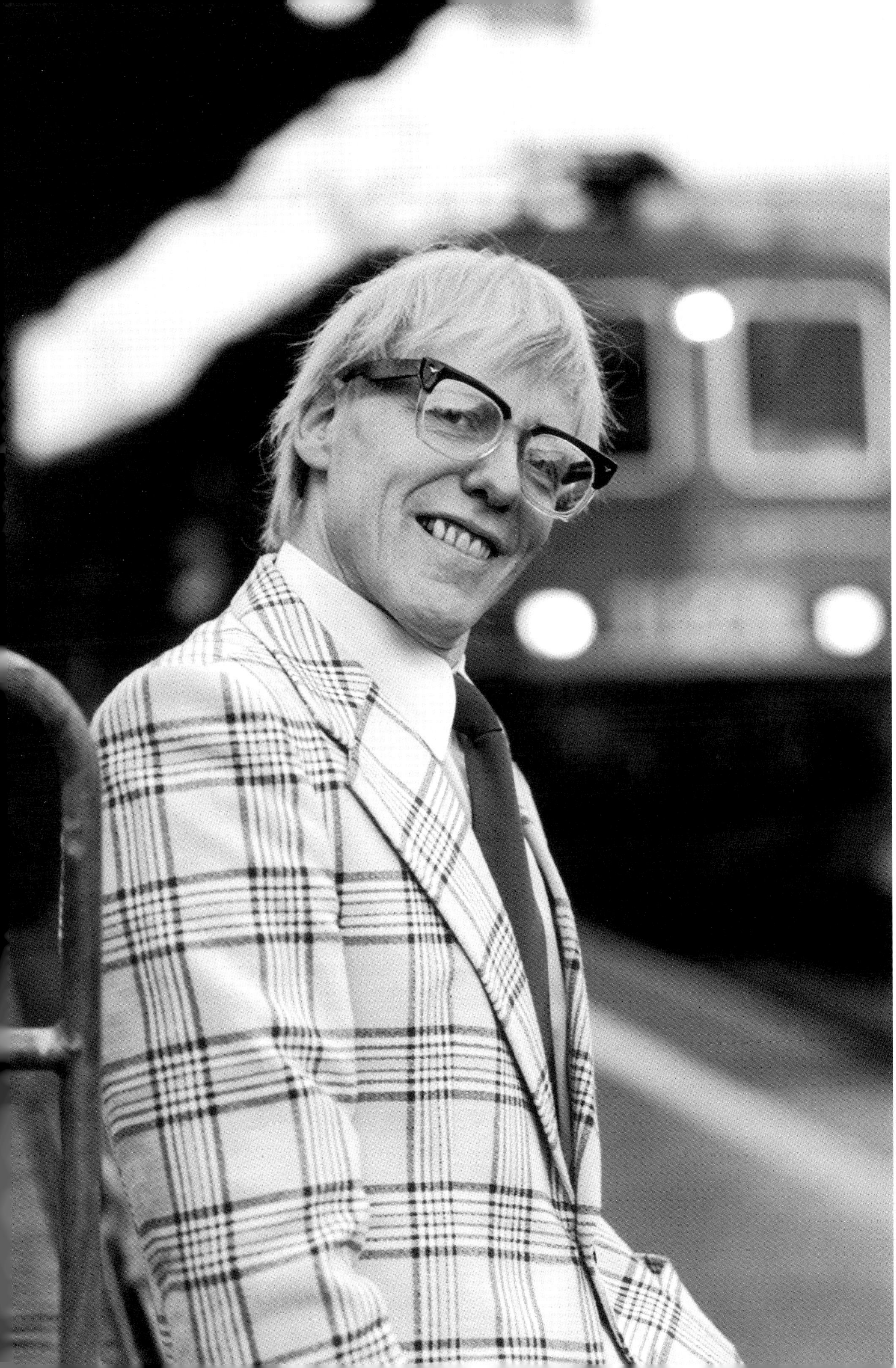

JACQUELINE TANNER

1971 geboren, lebt und arbeitet als Dermatografin –
seit acht Jahren mit eigenem Studio – in Aarau.
Zugleich ist sie als Sängerin aktiv und schreibt selbst
Mundart-Songs.

Von Tattoo bis Mundart

Schon als Kind bemalte sie die Gesichter ihrer Kameradinnen. Heute nennt sie sich *Dermatografin*. Den Titel hat sich Jacqueline Tanner selbst verliehen. «Das klingt einfach besser als Tätowiererin.» Seit acht Jahren arbeitet Jacqueline Tanner, kurz Jackie genannt, selbständig. Röschen und Delphine macht sie nur noch ausnahmsweise, von diesen Motiven hat sie in den ersten Jahren mehr als genug in die Haut anderer Menschen gestochen. Komplexe Muster oder Symbole interessieren die 31-jährige Aarauer Künstlerin mehr, auch wenn das letzte Wort immer der Kunde hat. Manchmal helfe sie bei der Wahl des Motivs, die meisten aber wüssten, was sie wollen, und in der Regel auch wohin.

Jackie sieht wenig Spektakuläres in ihrem Job, dennoch weiss sie sich abzugrenzen: Piercing kommt für sie nicht in Frage: «Das ist keine Kunst.» Ihre Tattoos schmücken auch nicht nur die einzelnen Menschen. Der Oltener Fotograf Franz Gloor hält ausgewählte Kunstwerke mit seiner Kamera fest, so dass Jackie in ihrem Aarauer Studio im Lauf der Jahre zu einer grösseren Ausstellung gekommen ist.

Einen Austausch mit anderen Tätowierern gebe es kaum, erzählt Jacqueline Tanner. Jackie ist nicht nur eine von wenigen Frauen, die sich das Tätowieren zum Beruf gemacht haben, sie unterscheidet sich von ihren Berufskollegen auch dadurch, dass sie selbst gerade nicht von Kopf bis Fuss voller Tattoos ist. Und, darauf legt die zweifache Mutter Wert, sie brauche keine besonderen Stimulationen für ihre Arbeit.

Das Tätowieren aber ist nur die eine Seite von Jackie, damit verdient sie ihr Geld. Die gelernte Arztgehilfin hat eine weitere Passion: das Singen. Mit der Band *Dreamworks* spielte sie zwei CDs ein – das aber ist Vergangenheit. Jackie hat die Mundart entdeckt und damit die Freude am Spiel mit den eigenen Worten. *Gift* heisst ihr jüngstes Projekt, auch wenn sie sich beim Namen noch unsicher ist.

Bei Jacqueline Tanner ist die Veränderung vielleicht die einzige Konstante. So denkt sie auch darüber nach, Videos zu produzieren und ein Buch zu schreiben über das Leben – «so wie es ist» – und die Liebe. Doch bei allem, was Jackie tut (beziehungsweise tun wird), sei es ein Tattoo, ein neuer Song im Aarauer Dialekt oder eben ein Buch schreiben, steht eines im Vordergrund: Echtheit. Und dabei verlässt sie sich ganz auf ihr Gespür. Man darf gespannt sein, wofür Jackie als nächstes ihr Herzblut hingibt.

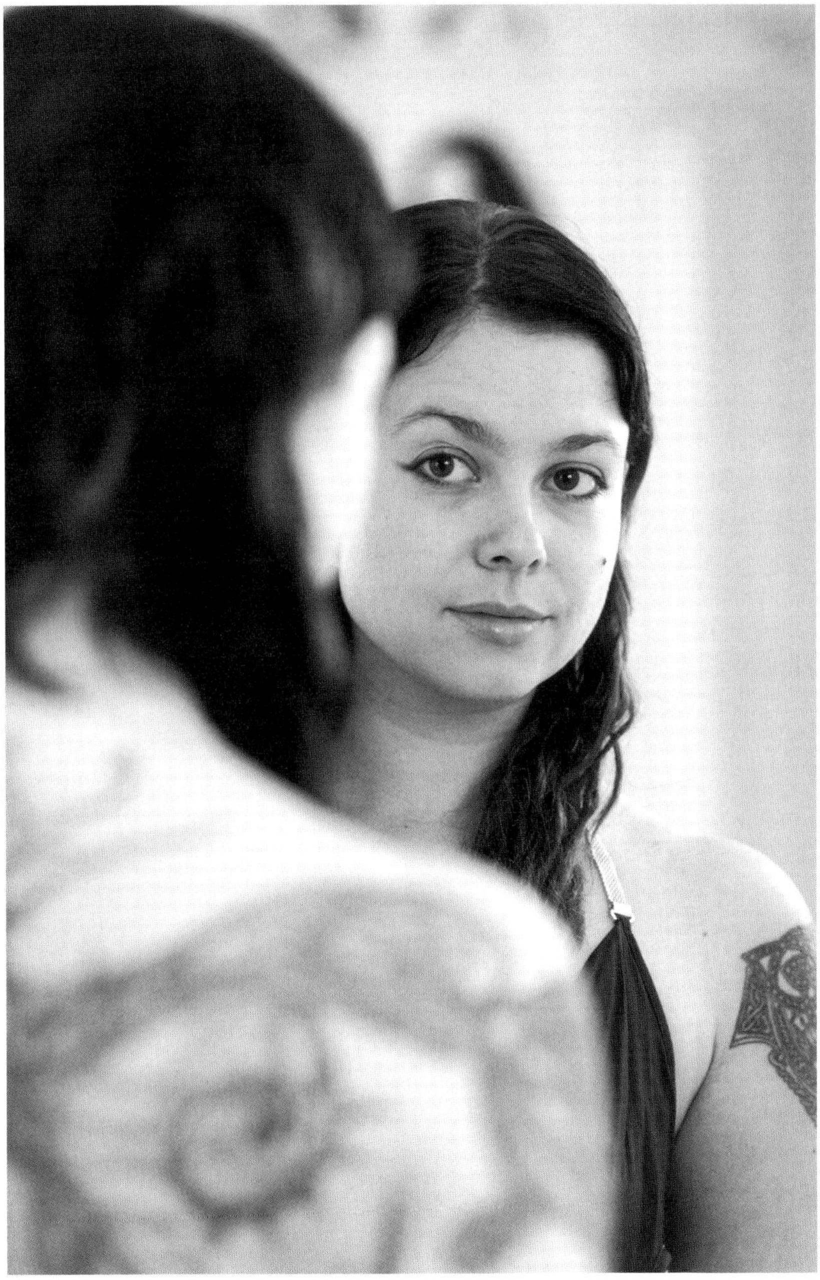

STEPHANIE DÄTWYLER-FREI

ist 1940 geboren, in Fahrwangen aufgewachsen und lebt im Reusspark im Gnadental. Sie ist diplomierte Klavierlehrerin und hat als Malerin an verschiedenen Ausstellungen in Bremgarten und im Reusspark im Gnadental teilgenommen.

Die Krankheit hat mir viel Verzicht auferlegt

Ihre Bilder strahlen Freude aus, Lebenskraft. Und sie führen mit ihren kräftigen Farben, den klaren, rhythmischen Strichen und den fast traumwandlerisch sicheren Kompositionen in die geheimnisvolle Welt zwischen Wissen und Ahnen, Fühlen und Erfahren. Stephanie Dätwyler-Frei malt schnell und spontan, lässt sich von einem weitgefassten Thema leiten, bis sich der Pinsel beinahe selbständig zu machen scheint. Genauso reich und sprudelnd, wie ihre Bilder sind, erzählt Stephanie Dätwyler aus ihrem Leben. Von der glücklichen Kindheit in Fahrwangen, der Schwester, mit der sie eng verbunden ist, der Mutter, die der erst sechsjährigen Stephanie auf originelle Art das Klavierspielen beibrachte, und lächelnd, ganz ohne Gram: «Meine Mutter hat mein Klavierspiel gefördert – und meine Zeichnungen im Estrich versteckt.» Warum dies so war, wird wohl immer ein Geheimnis bleiben.

Tatsächlich wurde die künstlerisch vielseitig interessierte und begabte Stephanie Klavierlehrerin. Zum Diplom geführt wurde sie damals von der bekannten Aargauer Pianistin Emmy Henz-Diémand. Und heute, im Alter von 62 Jahren, gibt Stephanie Dätwyler bei Gelegenheit gern ihr Können weiter und konzertiert mit viel Freude in kleinerem Rahmen. Doch die Malerei ist in ihrem Leben mittlerweile noch wichtiger geworden als die Musik. Sie malt fast täglich und hat in den letzten Jahren an einigen Ausstellungen mitgewirkt.

«Heidi Widmer ist meine Mentorin», sagt Stephanie Dätwyler freudig und auch ein wenig stolz. Für sie sind die Nachmittage mit der Patientenmalgruppe bei der Wohler Künstlerin Heidi Widmer besonders wertvoll. Denn bei allem Überschwang, bei aller Lebensfreude – es gibt auch dunkle Seiten in Stephanie Dätwylers Leben. Schwere Depressionen, die sie schon während der Kantonsschulzeit heimsuchten, Aufenthalte in psychiatrischen Kliniken, eine Krebsoperation – Stephanie Dätwyler hat eigentlich mehr zu tragen, als ein Mensch allein verkraften kann. «Die Krankheit hat mir viel Verzicht auferlegt», hält sie nüchtern fest. Aber vielleicht kann sie gerade deshalb dem Leben so viel abgewinnen. Offen geht sie auf andere Menschen zu, sucht und findet Kontakte, ermöglicht vielfältige Begegnungen, aus denen sie Kraft und Freude schöpft. Ihre Begeisterungsfähigkeit ist ansteckend und ihr Interesse an Kunst aller Art kaum zu stillen.

Trotz vielen Rückschlägen hat Stephanie Dätwyler immer wieder einen Weg gefunden, hat sich die Lebensfreude zurückerobert und immer wieder Erstaunliches geleistet. Aber noch viel glücklicher als nach der Matura oder während ihrer Tätigkeit als Klavierlehrerin, vielleicht sogar glücklicher als während ihrer elf Jahre dauernden, recht harmonisch verlaufenen Ehe, ist Stephanie Dätwyler heute. Sie zog vor drei Jahren in eine Wohngemeinschaft im Reusspark, dem Zentrum für Pflege und Betreuung im Gnadental. «Ich habe alle Brücken abgebrochen und hier ein neues Leben begonnen», erklärt sie zufrieden. Heute bewohnt sie, angeschlossen an die Wohngemeinschaft für demenzkranke Menschen, relativ selbständig eine Zweizimmerwohnung. Dort malt und musiziert sie, macht sich gern nützlich im Haus, nimmt teil an allen kulturellen und bildenden Veranstaltungen und schätzt die partnerschaftliche, liebevolle Betreuung, die ihr zuteil wird. «Mit zunehmendem Alter», sagt Stephanie Dätwyler, «werde ich immer glücklicher.»

FRÄNZI ZULAUF

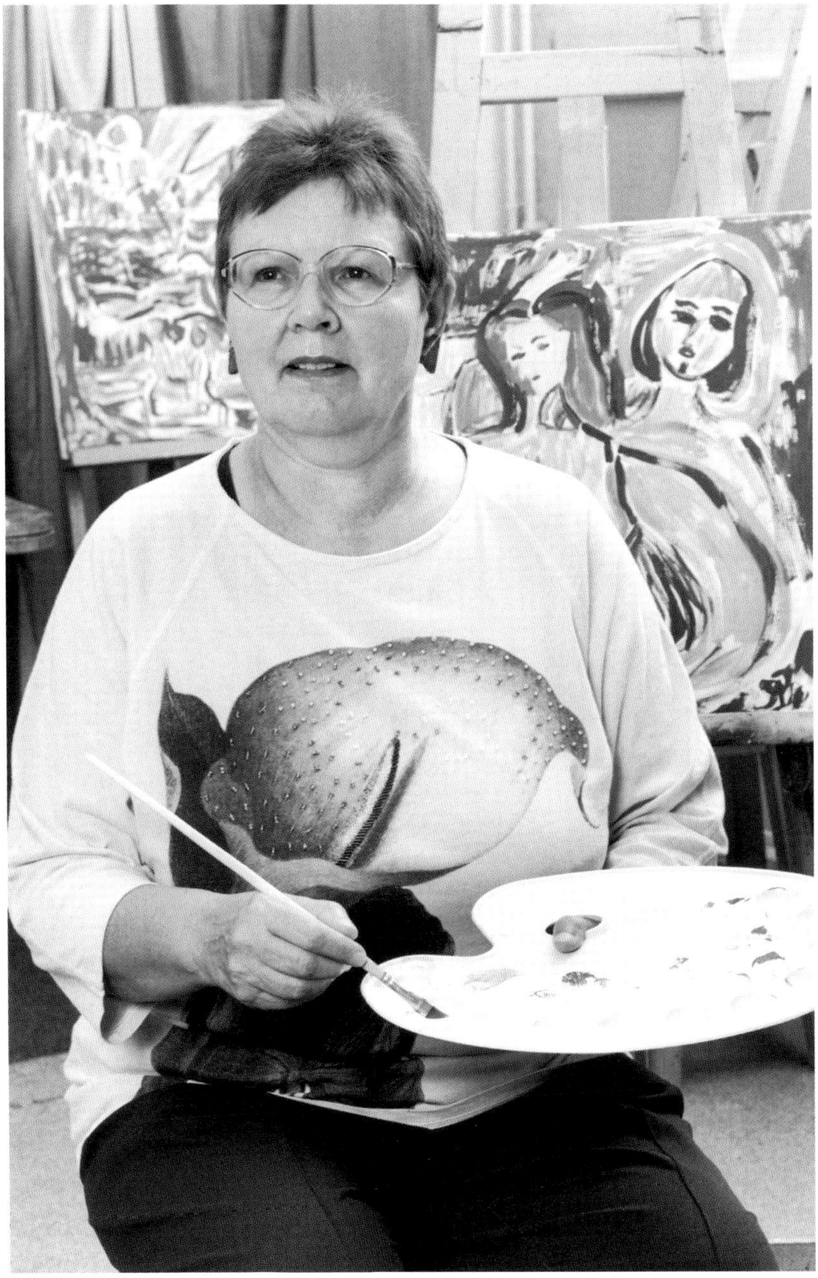

HANNES LEO MEIER

Jahrgang 1964, gebürtiger Freiämter, wohnt in Aarau. Er ist freier Regisseur für Profis und Laien, Autor verschiedener Theaterstücke, Gründungsmitglied und Schauspieler der Gruppe *Die alten Frauen*, gibt Workshops und Unterricht in Improvisation, Stockkampf und Bühnenfechten und ist im Vorstand des Theaters Tuchlaube.

Am Wendepunkt

Er ist ein Besessener. Er inszeniert, schreibt, spielt. Unversiegbar scheint die innere Quelle, aus der er schöpft, unbeschränkt die Energie, mit der er zu Werke geht. In den vergangenen zehn Jahren sind über 40 Produktionen entstanden, die er als Regisseur, Autor oder Schauspieler geprägt hat. «Ich stamme aus einer Familie, in der man sich gewöhnt ist zu arbeiten», sagt Hannes Leo Meier lakonisch.

Aufgewachsen im Freiamt, besucht er in Zug das Lehrerseminar St. Michael. Prägend ist der Unterricht bei Pater Werner Hegglin, der den 16-jährigen Hannes mit der Welt des Theaters vertraut macht. «Bei ihm habe ich gelernt, dass alles, was das Leben ausmacht, von Wert ist.»

Primarlehrer Meier gibt drei Jahre Schule im Dottikon. «Gerne und gut», wie er sagt. 1988 kündigt er und macht sich zu Fuss als Pilger auf den Weg von Einsiedeln nach Santiago di Compostela und weiter nach Finisterre, ans Ende der Welt. Er lässt alles zurück, was ihn bisher bestimmt hat. Unterwegs wird ihm klar, was er wirklich will in seinem Leben: Theater machen. Ohne Kompromisse und mit allen Konsequenzen. Über Madrid und Berlin kommt er in die Schweiz zurück und geht an die Schauspielschule nach Zürich, die er drei Jahre später als Theaterpädagoge verlässt.

Wohin nun? Zurück nach Berlin? In die Innerschweiz, die dem Freiämter so vertraut geworden ist?

Hannes Leo Meier entscheidet sich für Aarau und den Aargau. «Ich wollte da Theater machen, wo ich herkomme, wo ich meine Wurzeln habe, Theater, das mit uns und unserer Geschichte zu tun hat.» Wobei er nicht verhehlt, dass es ihn einige Zeit und Mühe gekostet hat, bis er begriffen hat, wie Aarau tickt.

Rasch hat er sich in der freien Theaterszene weit über den Aargau hinaus einen Namen gemacht. Einige seiner Produktionen wie *Cod bai frends* oder *Besser kochen – besser leben* touren seit mehreren Jahren durch die Schweiz. Mit der näheren Heimat befasste er sich 1994 im bald schon legendären *SCHUHWERK – Szenario für eine leere Fabrikhalle* (Autor: Roger Lille) oder seit 1995 in den *wORTe-Projekten,* szenischen Lesungen, die für konkrete Örtlichkeiten geschrieben sind und auch dort aufgeführt werden: in der Aarauer Pelzgasse, im alten naturhistorischen Museum oder im Bus der Busbetriebe Aarau.

Aber auch die Verbindung zur Innerschweiz reisst nicht ab: Immer wieder wird er als Regisseur für Profi- und Laienbühnen verpflichtet, besonders begehrt ist er in Schwyz und Stans. Als Schauspieler ist Hannes Leo Meier Ensemblemitglied bei *Die alten Frauen*, eine Gruppe, die sich auf die szenische Umsetzung von Prosatexten spezialisiert hat.

Und dennoch: Hannes Leo Meier, der Frau und Kind hat, kann mehr schlecht als recht von seiner Arbeit leben. «Das machte mir lange nichts aus. Es gehört zum Theater, dass man sich erst die Sporen abverdienen muss. Aber jetzt wäre die Zeit reif für eine würdige und kontinuierliche Unterstützung.»

Mühe bereitet ihm auch der Umstand, dass der Boden für das freie Theater im Aargau immer steiniger wird. Es fehlt an Respekt und Weitsicht, Experimente haben kaum mehr Platz. «Dabei wäre gerade der Aargau prädestiniert für ein starkes freies Theater. Aber die Ressourcen werden zu wenig gepflegt», stellt Meier nüchtern fest.

Gegen Ende Jahr wird er zusammen mit seiner Familie eine mehrmonatige Auszeit nehmen: Denkraum, um zu klären, wohin der Weg in der künstlerischen Arbeit führen wird. Es wäre schade, wenn er den Aargau verlassen müsste.

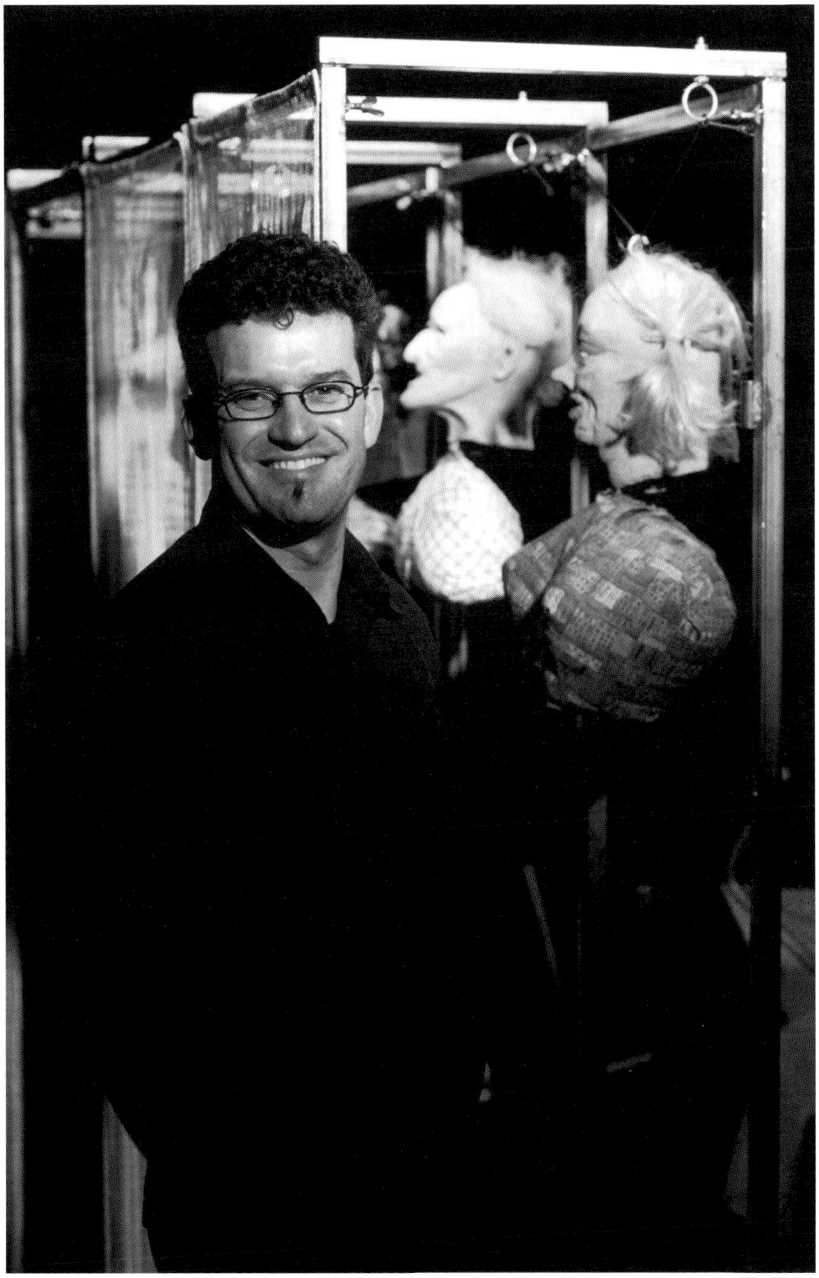

MARIANNE STREBEL

geboren 1955 in Muri, wohnt in Brugg. Als gelernte Kindergärtnerin führt sie heute mit ihrem Lebenspartner das Buchantiquariat Buchfink. Marianne Strebel ist Mitgründerin des Kulturverein Arcus und hat mehrere Jahre lang das Programm im Palais Odeon mitgeprägt mit besonderer Vorliebe für das Kinder- und Jugendtheater.

Abtauchen in eine andere Welt

Kultur! Kultur? Marianne Strebels Antwort auf diese Frage kommt, ohne eine Sekunde zu zögern: «Kultur ist eine andere Seite der Lebensanschauung, eine, die bewegt. Kultur – das sind Gedanken auf einer Ebene, die neue Seiten in dir wecken, dich auf neue Ideen bringen. Man sieht etwas, staunt, und eine Tür geht auf. Kultur – das ist wie abtauchen in eine andere Welt. Kultur machen? Das bedeutet, die Menschen aus dem Tramp des Alltags zu holen. Bei allen ist das Bedürfnis nach Kultur da, aber es muss geweckt werden. Immer wieder.»

Sie ist eine, die das kann. Bei Kindern, bei Erwachsenen. Dieses Talent zeigte sich schon während der Ausbildung zur Kindergärtnerin am kantonalen Seminar in Brugg. Nicht nur durch den Einsatz für den Abenteuerspielplatz, sondern ebenso durch die Begeisterung am Geschichten erfinden, Geschichten szenisch gestalten – mit Minibühnen in Büchsen –, Geschichten erzählen. Auf dem Rosenhofmarkt in Zürich verkaufte sie ihre Kleinsttheater und leitete Interessierte zum Spiel an. Animation, Aktionen anreissen – das fesselte sie und half ihr in Brugg bei der Wiederbelebung des damals serbelnden Handwerker- und Flohmarkts auf der Hofstatt. Sie engagierte Musikanten, organisierte Erzählstunden für die Jüngsten. Und überhaupt: Leben, kulturelles Leben in die Gassen der Altstadt bringen! Da war Handlungsbedarf. Mit Gleichgesinnten machte sie sich zielstrebig auf den Weg, neben der bestehenden noch weitere Kultur oder präziser Kleinkunst in der Prophetenstadt zu etablieren. An Vorschlägen fehlte es nicht, die sprudelten wie von selbst. Aber Raum? Trotz der vielen Gewölbekeller war keiner verfügbar oder geeignet. Den Plänen mangelte, so die Erkenntnis der Gruppe, ganz einfach eine feste, öffentliche Verankerung. Marianne Strebel: «Die Lösung war die Gründung eines Kulturvereins, und 1989 hoben wir den Arcus aus der Taufe.» An der Spiegelgasse 4 wurde ein Lokal bezogen und gemeinsam am ersten Kapitel der gewünschten Kulturgeschichte geschrieben. Mit Aktionen wie dem Rossini-Abend im Rathaussaal, Kinoabenden mit Essen in privaten Gärten, dem Theater in der Parkgarage Neumarkt und dem Crêpes-Stand am Jugendfest setzte der Vorstand den neuen Verein ins Rampenlicht. So gekonnt, dass nach Vereinbarung mit dem damaligen Pächter des Cinéma Odeon im Januar 1993 zur ersten der damals monatlich geplanten Veranstaltungen auf der Bühne geladen werden konnte. Der Grundsatz des Palais Odeon, als Kleintheater nicht nur künstlerische Qualität auf die Bühne zu bringen, sondern Treffpunkt, Begegnungsort zu werden, entwickelte sich erfreulich, auch wenn die finanzielle Seite immer wieder besondere Einsätze und Sponsorensuche bedingte.

Marianne Strebel wirkte an vorderster Front mit. Die Präsenz mit dem Buchantiquariat ihres Lebenspartners Andy Becker in allen Ecken der deutschen Schweiz erlaubte ihr hautnah die Beobachtung der Theaterwelt ganz allgemein sowie der Kleinkunstbühnen im Besonderen. Das bescherte Einblicke in die aktuelle Szene und Begegnungen mit vielen Künstlerinnen, Künstlern und Kulturschaffenden. Die Gestaltung der Programme für Kinder (das war ihre Domäne) und Erwachsene zeugte davon.

Als sich 1998 das Odeon am Bahnhofplatz als Ort der Arcus-Veranstaltungen (Cinéma und Kleinkunstbühne) eigenständig etablieren konnte, war das auch eine Krönung des kulturellen Einsatzes, den Marianne Strebel dafür geleistet hatte. Rückblickend: «Es war eine tolle Zeit. Es geht alles, wenn man will, aber es braucht auch die anderen, die anhängen. Wenn der Funke springt, sind viele zum Weitermachen bereit.» Dass sie fähig ist, mit ihrer sprudelnden Energie und Freude an der Sache gar ein Kulturfeuer weiter zu geben, das hat sie längst bewiesen.

LIS FREY

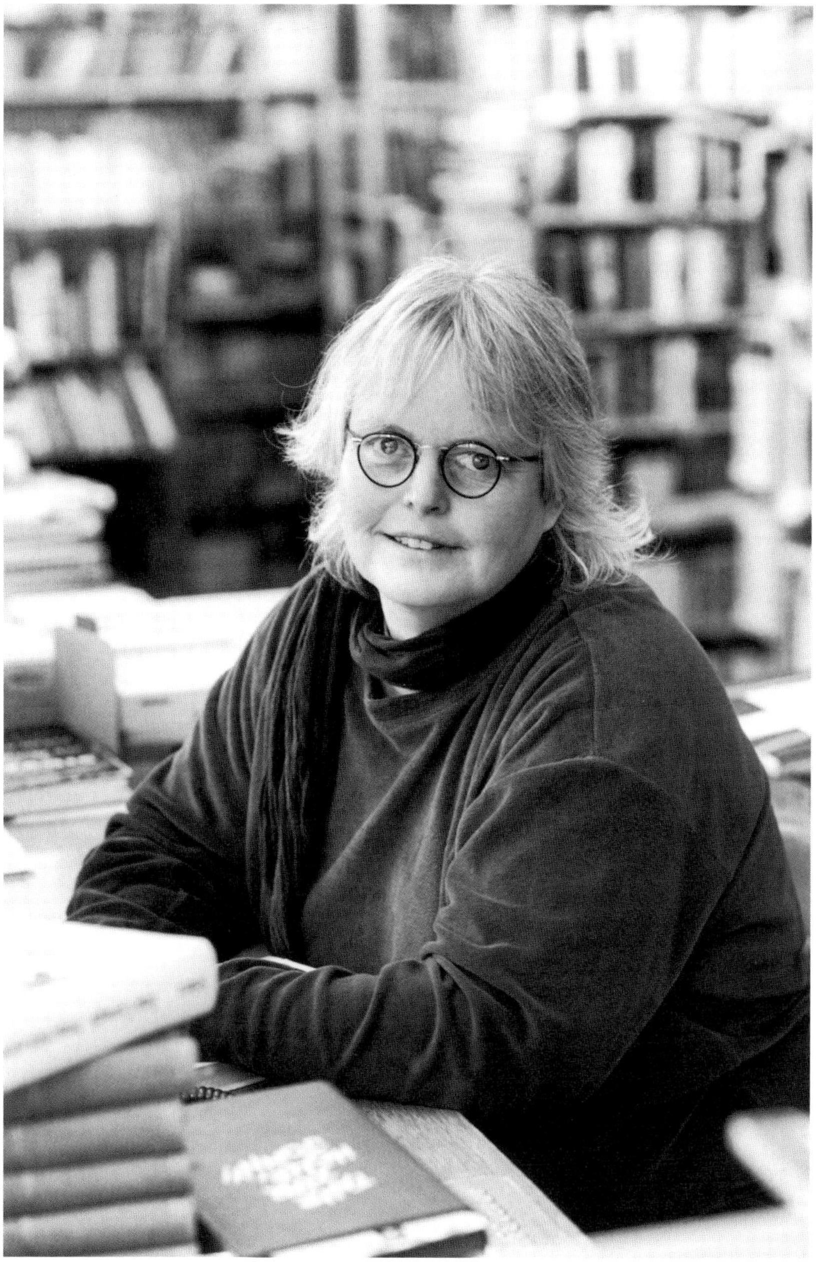

JULES BLOCH

ist 1947 in Endingen geboren, lebt heute noch dort und ist von Beruf Bankangestellter. Er ist Präsident der Israelitischen Kultusgemeinde Endingen und Vizepräsident des Vereins für die Erhaltung der Synagoge und des Friedhofs Endingen-Lengnau, dazu im Vorstand des jüdischen Altersheims Lengnau.

Gott treu sein und richtig leben

Endingen (und Lengnau) sind die Judendörfer. Das weiss man, nicht nur im Aargau. Einen Grund, deswegen stolz zu sein, besteht aber nicht. Von 1776 bis 1866 durften die Juden in der Eidgenossenschaft offiziell nur in Endingen oder Lengnau wohnen. Heute wohnen nicht mehr viele Juden in Endingen. Margrit Bloch und die Brüder Jules und Max Bloch mit ihren Familien. Die Synagoge bildet aber immer noch das Wahrzeichen Endingens, und weil die Kirche in Unterendingen steht, hat die Synagoge Glocken und Turmuhr.

Jules Bloch ist Präsident der *Israelitischen Kultusgemeinde Endingen* und Vizepräsident des *Vereins für die Erhaltung der Synagoge und des jüdischen Friedhofs Endingen-Lengnau*. Beide sind oft Ziel von Exkursionen. Mit den alten Bäumen und den Steinen im Gras (die jüdische Religion kennt keinen Grabschmuck) ist der Friedhof auch ein sehr spezieller Ort. Solche Besuche empfindet Jules Bloch keineswegs als Last. «Es ist wichtig, dass man sich kennt», sagt er, «misstrauisch ist man gegen das Fremde.»

Sich als Fremder im eigenen Land zu fühlen, hatte Jules Bloch persönlich keinen Anlass: «Antisemitismus am eigenen Leib erlebte ich nie.» Dennoch gibt es eigenartige Momente. So, als er im Grossratssaal in Aarau hören musste, dass sich die Juden in Endingen sehr gut integriert hätten. «Derjenige, der das sagte, wohnte vielleicht 20 Jahre hier, wir aber seit Generationen.» Erst 1983 wurden die bisher getrennten Ortsbürgergemeinden zusammengeführt. «Das Ende der Emanzipation» sei das für ihn gewesen, als er «normaler» Endinger Ortsbürger geworden sei.

Jules Bloch ist heute noch stolz darauf, dass er dafür gekämpft hat, dass die jüdische Gemeinde die Rechtsform des Vereins annehmen konnte. «So sind wir frei und können aufnehmen, wen wir wollen, und haben keinerlei Auskunftspflicht gegenüber der Regierung oder sonst einer Institution.» In Lengnau errichtete man eine Stiftung. Trotzdem nimmt die Mitgliederzahl ab. Deshalb wurde auch bereits vor gut 40 Jahren der Verein zur Erhaltung der Synagoge und des Friedhofs gegründet. «Ich bin mir bewusst, dass irgendeinmal in Endingen keine Juden mehr leben werden, vorerst machen wir einmal weiter, solange es geht, dann schauen wir.» Er bleibe in Endingen ansässig, fühle sich verpflichtet, das Werk der Vorfahren weiterzuführen, aber bereits bei seinen Kindern sei das nicht mehr sicher.

Jude zu sein, heisst eine Religion zu leben. «Es gibt das Judentum an sich, die Mosaischen Gebote, die Thora, den Talmud. Ich glaube, ich bin sehr religiös, traditionsbewusst, auch wenn ich nicht so streng nach dem Gesetz lebe wie die orthodoxen Juden. Ich mache es, wie ich es gelernt habe, wie ich es für gut finde.» Schliesslich sagt Jules Boch: «Ich glaube, ich bin Gott treu.» Dieser Satz klingt besonders. Das hebräische Wort für Treue heisst *emet* oder *emunah* – darin steckt auch das Wort *Amen* –, und es bedeutet nicht nur Treue oder Zuverlässigkeit, sondern auch Frieden, Sicherheit oder Wahrheit. Gottvertrauen – ein Grundbegriff der jüdischen Religion.

Natürlich gibt es auch Vorschriften in der jüdischen Religion, die bei Nicht-Juden Fragen aufwerfen. Jules Bloch erwähnt es selbst: das Schächten zum Beispiel. Aber: «Nicht alle Tierfreunde, die gegen das Schächten sind, sind Antisemiten.» Umgekehrt gilt auch: Das Tier ist in der jüdischen Religion keine Sache. Die Sabbatruhe zum Beispiel gilt auch für Pferde und andere Nutztiere. «Mein Grossvater wie auch mein Vater waren Viehhändler. Früher half man sich gegenseitig mit den Pferden aus. Aber sie durften keineswegs am Sabbat das Pferd ihrem Nachbarn zur Arbeit ausleihen.»

Geschichten sind typisch für das Judentum. Theologische und religiöse Probleme werden anhand von Geschichten diskutiert und erläutert. Dann verkündet der Lehrer die *Halacha*: die rechte Lehre, die Folgerung. Und irgendwann gegen Schluss des Gesprächs sagt Jules Bloch: «Überhaupt, es kommt nicht drauf an, an wen man glaubt, sondern wie man lebt.»

פנ
איש אמונים
צדיק וישר
ירא אלקים
שמחה בן משה
בלאך
מענדינגען
נפטר ו׳ אב תש״נ
תנצבה
Sigmund Bloch
Endingen
1909 — 1990

MICHEL METTLER

1966 geboren, lebt und arbeitet als freier Autor und Kunstvermittler in Brugg. Mitte 1999 bis Ende 2001 war er Co-Leiter des Kunstlabors *forum:claque* in Baden. Neben seiner schriftstellerischen Tätigkeit arbeitet er als Dramaturg, Moderator und Projektleiter im Ausstellungs-, Konzert und Theaterbereich. Seit längerem schreibt er an einem Roman.

Kunst autodidaktisch

Michel Mettler hat sich Kunst durch Tat angeeignet. Er schreibt, macht Musik, bewegt sich im Grenzbereich zwischen Wort und Klang und erarbeitet sich so seine künstlerischen Räume. Schreiben ist für ihn Metier im französischen, nicht Schriftstellerei im deutschen Sinn. Er braucht nicht den romantischen Kuss der Muse dafür, er entwickelt sein einmal erlerntes Handwerk weiter. Die Sprache ist darin nur der rote Faden, an dem sich viele andere Kunstformen aufreihen lassen.

Er sieht die Kunstvermittlung als grosse Herausforderung. Das Bedingungslose der Kunst muss verdinglicht werden, damit das Publikum Zugang dazu findet. Das Finden der Sprache der Vermittlung, der richtigen Moderation, ist die Gratwanderung. Die Definition der Regeln und die Übersetzung in eine erfahrbare Sprache – im Dialog mit dem Künstler – sind Aufgabe des Vermittlers.

Michel Mettler sieht das Potenzial der künstlerischen Herangehensweise auch für andere Bereiche. Die Kompetenzen dafür – die Suche nach der richtigen Sprache und den richtigen Regeln – sind auch in der Wirtschaft und in der Gesellschaft allgemein gefragt. Mit den Erfahrungen aus den Beschränkungen des wirtschaftlichen Alltags kann er die künstlerische Freiheit im Schreiben wieder ganz neu entdecken.

Michel Mettler verkauft sich nicht aktiv auf dem Markt der Schreibenden. Seine Fähigkeit des Vermittelns wendet er nicht auf seine eigene künstlerische Arbeit an. Er baut auf Netzwerke, die ihn zu neuen Projekten hinführen, nicht nur im Schreiben, sondern in der künstlerischen Arbeit als Ganzes. Er hat das Schreiben in der stillen Stube, das Mönchische, drei Jahre lang praktiziert, aus eigenen Mitteln und unterstützt mit Werkbeiträgen. Das Resultat war damals noch zu dünn, Stoff war nicht genug vorhanden. Den Rückzug auf das Schreiben als Perspektive sieht er aber schon, das würde er sich wieder wünschen.

Ein Leben als Künstler lässt sich nicht planen, es lässt sich führen. Das Spannende am Weg nimmt er auf, anderes muss liegen bleiben. Die einzige Konstante ist das Schreiben. Die freiberufliche Tätigkeit als Lebensmodell ist dafür das einzig Richtige und entspricht der künstlerischen Freiheit maximal.

Michel Mettler hat selbst die kulturpolitischen Bedingungen im Aargau positiv erfahren. Er sieht die stets vorhandene Diskrepanz zwischen dem Geldgeber – ob privat oder öffentlich –, der sich mit Kunst «schmücken» will, und dem Künstler, der Autonomie in seinem Schaffen sucht. Er glaubt, dass das tief verwurzelte Verständnis, dass die Kunst zu den unersetzlichen Dingen jeder Gesellschaft gehört, immer wieder verteidigt werden muss. Wenn die Kunst sich selbst überlassen wird, verkümmert sie, und ein wichtiger Pfeiler unseres Lebensalltags fällt weg.

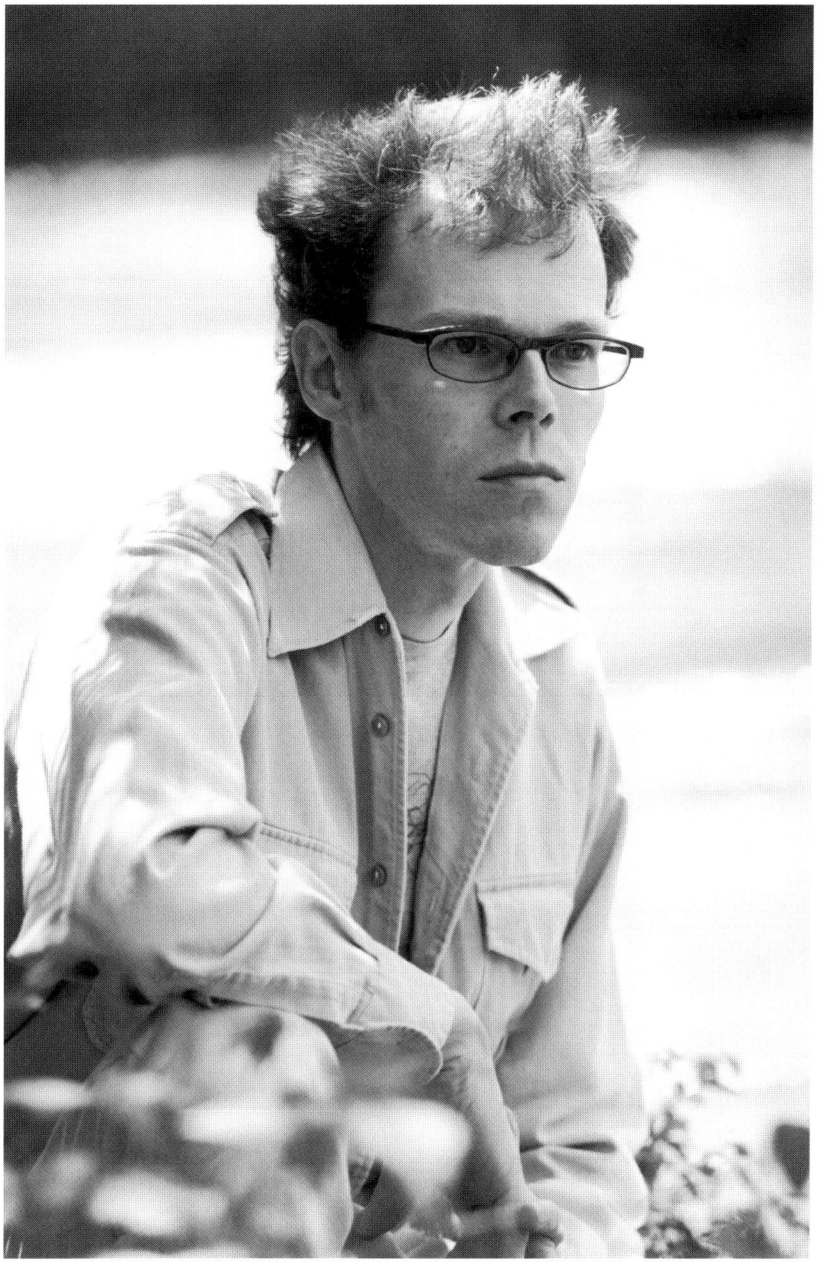

DORIS JANSER-DIGGELMANN

geboren 1943, aufgewachsen in Aarau,
ist Theatermacherin und Hausfrau in Turgi.
Sie ist Leiterin des Kinder- und Jugendtheaters Turgi, ursprünglich aus einem jährlichen
Weihnachtsspiel entstanden, seit über zehn
Jahren mit regelmässigen Produktionen,
die auch im Ausland gezeigt werden.

Die Animierdame

So stellt man sich die Urmutter vor: stattlich, selbstsicher. Eine Frau, die weiss, was sie will. Theatralisches sucht man vergebens an ihr. Sie hat auch nichts zu verbergen: Ein grosses, mütterliches Herz, das schon manchem Kind beim Suchen seiner Rolle im Welttheater geholfen hat. «Jedes Kind», sagt sie und brennt einem den Satz mit ihrem Blick auf die Netzhaut, «jedes Kind – und das hat nichts mit Bildung zu tun – ist ein guter Schauspieler, man muss es nur seine Wahrnehmungen spielen lassen.» Für Doris Janser ist das Leben ein wunderbares Spiel, bei dem man alles ausprobieren kann. «Nur Krankheit und Tod sind dabei schrecklich.» Sowohl eine schlimme Krankheit bei ihr wie der Tod ihres Mannes letzten Dezember liessen sie das Spiel eine Zeit lang unterbrechen.

Seither trennt sie Wichtiges von Unwichtigem noch konsequenter. Der Haushalt gehört in die zweite Kategorie. Nicht aber die offene Haustüre, der grosse Esstisch und ihr Kinder- und Jugendtheater. Archiviert ist dieses in ihrem kleinen Arbeitszimmer. Dutzende von Ordnern mit bereits gespielten Theaterstücken und noch zu spielenden stehen in Reih und Glied. Dazwischen Vorträge und Notizen über Theater und Pädagogik, oft in schöner Handschrift auf kariertem Papier in Plastikmäppchen festgehalten.

Ins Kinder- und Jugendtheater ist Doris Janser «hineingewachsen». Angefangen hat ihre Leidenschaft in einer Blockwohnung in Spreitenbach in den 70er-Jahren. Mit den sechs eigenen Kindern und deren Freunden hat sie die Weihnachtsgeschichte eingeübt. Den grossen Auftritt in Gold und Silber hatten die Kinder vor begeistertem Publikum in der Klinik Königsfelden.

Später ist sie nach Turgi umgezogen, und «ihre Familie» ist noch grösser geworden. 70 Kinder im Alter von 5 bis 24 Jahren besuchen inzwischen das Theatertraining bei Doris Janser. Jeweils drei Stunden pro Woche geben sie von ihrer Freizeit daran. Doris Janser schenkt all ihre Zeit dem Kindertheater. Lohn erhält sie dafür keinen.

Aber viel Unterstützung. Ohne die zahlreichen Helferinnen wäre für die 59-Jährige das Theatermachen sonst schon lange nicht mehr zu prestieren. Denn nicht nur führt sie mit «ihren Kindern» jedes Jahr mindestens eine Grossproduktion auf, sie hat auch schon zwei internationale Kindertheaterfeste in Turgi organisiert und besucht solche mit ihrer Truppe im Ausland. Auch wird sie immer öfter an Kindertheaterkongresse ins Ausland eingeladen, wo sie über ihre Arbeit referiert. Lob von Schauspieler Klaus Knuth oder von Theaterautor und Schriftsteller Hansjörg Schneider geben Doris Janser zusätzlich Motivation.

Seit über 20 Jahren feilt die Theatermacherin an ihrem Können. Lernt in Kursen und mehrwöchigen Seminaren am Brecht-Theater in Berlin und seit der Wende in Leipzig. Um Diplome hat sie sich früher einen Deut gekümmert. «Ich war jung, schön, die Welt stand mir offen – ich war viel zu faul, um etwas Anständiges zu lernen.» Nach der Bezirksschule steckten sie die Eltern in ein Internat in Frankreich, aus dem sie wegen «furchtbarem Heimweh» bald wieder abgehauen ist. Arbeiten gelernt habe sie dann im Welschland bei einer tollen Familie mit fünf Kindern.

Auch wenn sie bis heute ohne Diplom geblieben ist, «ihre Kinder» bestätigen ihr ihre Professionalität als Theaterpädagogin immer wieder: Wenn Schwierige lernen, sich zu integrieren, Scheue, sich durchzusetzen, Laute, zurückzustehen. «Und plötzlich merken die Kinder auch, was sie können», sagt sie. Die Theaterfrau ist im Element, mitten drin in ihrem Enthusiasmus für Kinder. «Wann endlich werden sie ernst genommen – nicht nur, wenn man selber von ihnen profitiert». Doris Janser geht mit gutem Beispiel voran. Trotz Schmerzen nach dem Arztbesuch geht sie pünktlich ins Theatertraining. «Auch Kinder lässt man nicht warten.»

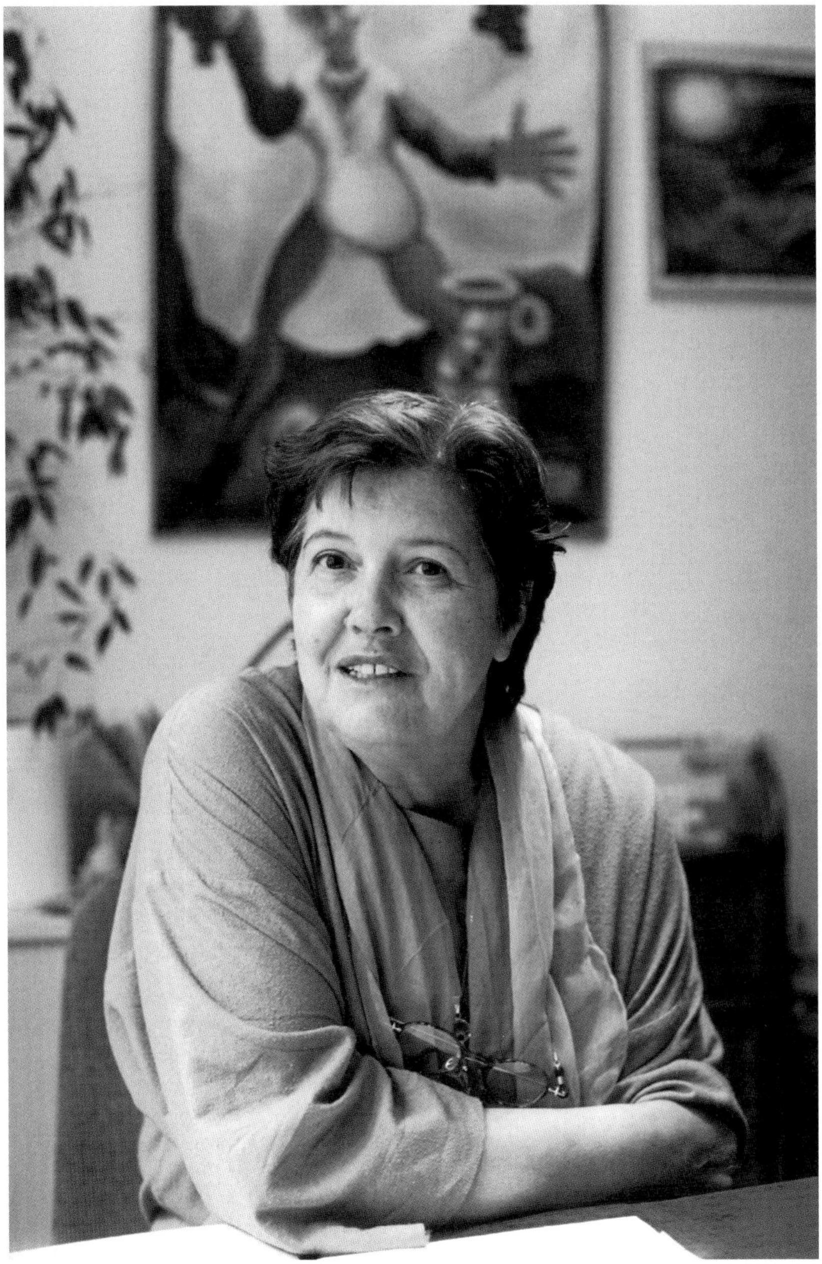

MARTIN INDLEKOFER

1964 geboren und in Brugg aufgewachsen, lebt in Bremgarten. Von Beruf Primarlehrer, ist er Gründer und Leiter des Jugendcircus *Arabas* in Bremgarten, gehört dem Vorstand des Kellertheaters an und ist Co-Leiter der *Umesinger Chind*.

Glanz und Glitter mit Leistung

Geschmackvoll ist sie eingerichtet, seine Wohnung – aber nichts deutet darauf hin, dass hier ein Zirkusdirektor wohnt. Dabei ist *sein* Zirkus, der Arabas Cirque Jeunesse, im Freiamt ein Begriff, «eine Institution», wie Martin Indlekofer nicht ohne Stolz bemerkt. «Aber bitte, das ist nicht nur mein Werk.» Teamarbeit sei das Geheimnis des Erfolgs, «wir machen das miteinander, Eltern, Betreuer und Kinder», im Grunde, fügt er an, sei der Arabas ein gemeinsames Kunstwerk.

Nein, der 38-jährige Martin Indlekofer ist nicht einer, der sich in den Vordergrund drängt. Bescheiden relativiert er seine Verdienste. Dass er sich für einen Kinderzirkus engagiere, sagt er, sei im Prinzip Zufall. Wobei: Vom Zirkus fasziniert sei er schon immer gewesen, als Jugendlicher sogar als Clown aufgetreten, hätte Kurse in Pantomine besucht, sich selber das Jonglieren und Seiltanzen beigebracht. Trotzdem: Zirkusartist, das war kein Berufswunsch von ihm. «Ich wusste bereits in der Bez, dass ich Primarlehrer werden wollte.» Das ist er denn auch geworden.

1988 kam der in Brugg aufgewachsene Junglehrer nach Bremgarten, «weil ich hier eine Stelle fand». Dass er hier seinem Hobby weiter würde frönen können, ja sogar als Zirkusdirektor amten, das hätte er nicht gedacht. «1991 lernte ich bei einem Jugend-Unterhaltungsabend Leute vom Arner Kinderzirkus Biber kennen. Sie fragten mich an, ob ich in ihrem Zirkus nicht mithelfen würde.» Martin Indlekofer wollte. «Am Zirkus fasziniert mich, dass es eine Scheinwelt ist, eine Welt voller Glanz und Glimmer – in der man aber trotzdem seine Leistung bringen muss.» Vier Saisons lang war er beim Biber, «dann traten Meinungsverschiedenheiten auf». Martin Indlekofer sowie ein Teil der Crew verliessen den Biber. «Und gründeten in einer Hauruck-Aktion am 8. Januar 1996 den Arabas Cirque Jeunesse.» Nein, nicht um es «denen vom Biber» zu zeigen, erläutert er. «Aber da waren zwanzig Kinder von Bremgarten, die ich nach Arni zum Biber gebracht hatte. Denen konnte ich doch nicht einfach sagen: Nun habt ihr halt Pech gehabt.»

Wichtig sei für seine Zirkusarbeit die Frage, wann man Kinder mit einer Nummer auftreten lassen könne und wann man sie verheize. «Ein Kind soll vor seinem Auftritt die Sicherheit haben, dass es das Kunststück beherrscht. Also üben wir lieber etwas Einfaches statt etwas Schwieriges ein. Es soll sich ja keiner blamieren – wenns dann doch nicht klappt, ist es auch kein Beinbruch.» 43 Kinder üben derzeit im Arabas, der nun vor seiner siebten Saison steht.

Und seinen Direktor einen guten Teil seiner Freizeit kostet. Trotzdem engagiert der sich auch in anderen Belangen des Bremgarter Kulturlebens. «Das gehört für mich einfach dazu, wenn man an einem Ort wohnt», meint Martin Indlekofer dazu schlicht. Seit 1989 gehört er dem Vorstand des Kellertheaters an, ist für den technischen Teil zuständig und springt, wenn einmal für eine Eigeninszenierung ein Schauspieler fehlt, auch als Darsteller ein.

Seit 1990 ist er Leiter der *Umesinger Chind,* hat dabei die Zusammenarbeit mit dem Musikschulchor initiiert und das alte Repertoire lateinischer Lieder mit moderneren Stücken ergänzt, «um so die Tradition zu erhalten, sonst würden die heutigen Kinder nicht mehr mitmachen».

Zeit für Hobbys bleibe ihm neben all diesen Tätigkeiten eigentlich keine. Irgendwann, meint er aber, werde er es geschafft haben, sich in all seinen Funktionen entbehrlich zu machen. «Wenn man mich dann nicht mehr braucht», blickt er in die Zukunft, «werde ich wieder musizieren, singen – ich habe früher bei der Aargauer Oper mitgemacht – oder töpfern.» Ob er selber daran glaubt? «Na ja, wenn Not am Mann ist, werde ich wohl immer mithelfen.» Sagts und lacht.

SUSANNA VANEK

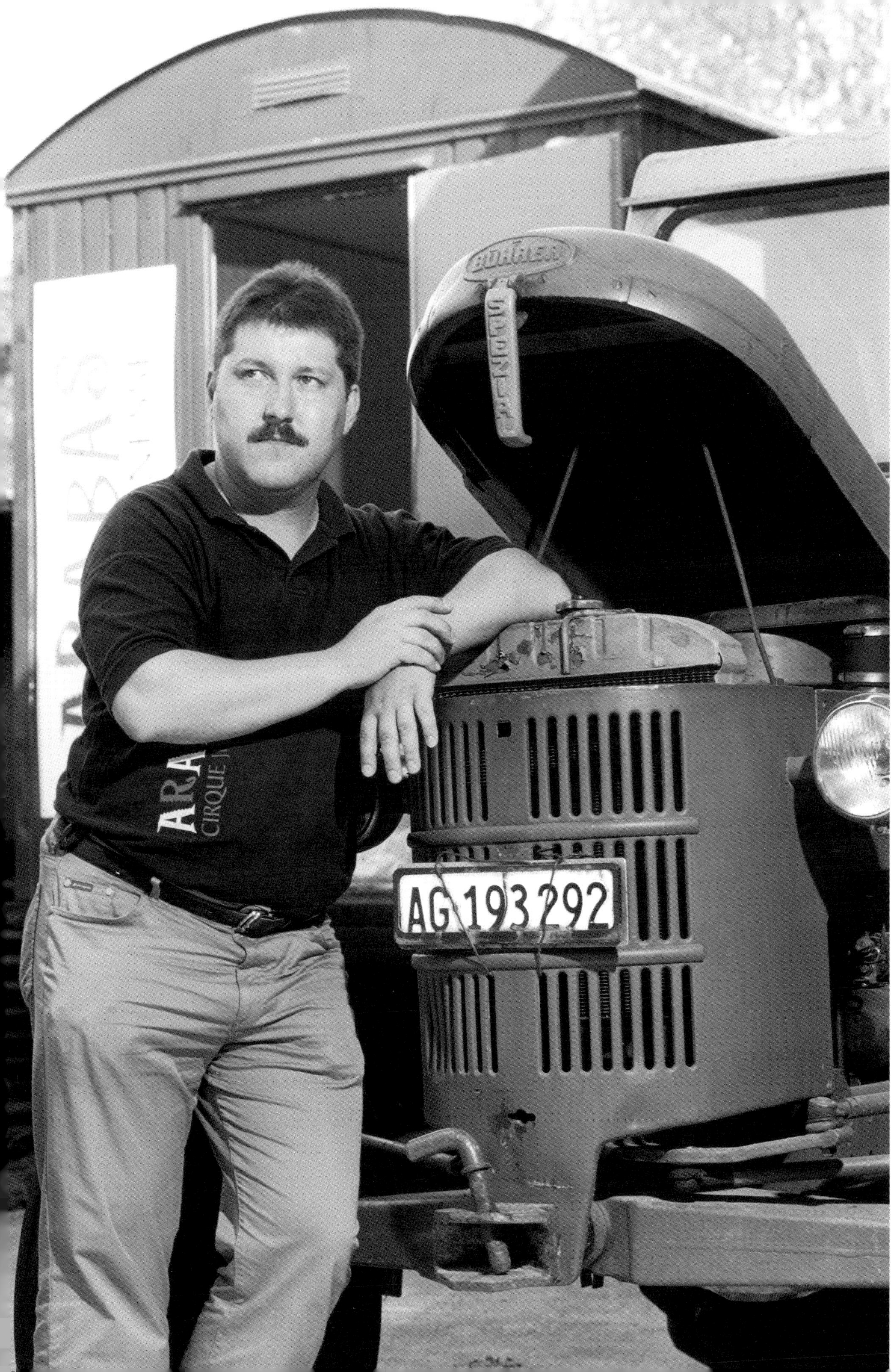
BÜHRER
AG 193 292

REGULA SCHWEIZER-KELLER

ist 1942 geboren, in Thalwil aufgewachsen und lebt in Baden. Sie ist Gymnasiallehrerin für Griechisch und Latein, seit 1971 im Vorstand der Theatergemeinde Baden, seit 1987 deren Präsidentin und war bis 2002 in dieser Funktion verantwortlich für das Programm der Theatergemeinde.

Das Theater oder: Eine Art *amour fou*

Diese Frau muss über magische Kräfte verfügen. Wie anders wäre zu begreifen, wie sie es seit Jahrzehnten schafft, neben Berufs- und Familienleben mit unerbittlichem Elan, und erst noch quasi unentgeltlich, den Zauber der grossen weiten Theaterwelt nach Baden zu bringen. – Aber, damit soll jetzt Schluss sein.

Angefangen hat alles, als Regula Schweizer, 14-jährig und für den grossen Anlass mit ausgeliehenen Nylons angetan, ihre erste Theateraufführung im Zürcher *Pfauen* besuchen durfte. *Wilhelm Tell* war angesagt, und die Pfarrerstocher verliebte sich sogleich unsterblich – ins Theater. Diese *amour fou* ist ihr bis heute geblieben: «Ohne Theater würde ich krank», sagt sie.

1971 wurde Regula Schweizer Vorstandsmitglied der Theatergemeinde Baden, seit 1987 ist sie deren Präsidentin. Der Verein Theatergemeinde Baden programmiert im Auftrag der Theaterstiftung, welche Besitzerin des Kurtheaters ist, jährlich rund vierzig Vorstellungen «von gehobenem Anspruch». Seit über dreissig Jahren also wagt Regula Schweizer den Balanceakt zwischen Kunst und Kasse, zwischen Geld und Geist, stets getrieben durch die Leidenschaft, anspruchsvolle Gastspiele nach Baden zu holen, das Zünglein auf der Waage ergo mit sanftem, doch unnachgiebigem Druck auf Geistes Seite zu lenken. Kein leichtes Unterfangen. Finanzen und Besucherzahlen sind ein Dauerthema, seit es das Kurtheater Baden gibt.

«Wir haben in der Region durchaus ein Publikum, das niveauvolles Theater zu schätzen weiss und selbst schwierigere Kost goutiert», ist Regula Schweizer überzeugt. Doch dieses Publikum bei Laune zu halten, ist ein permanenter Kampf. In früheren Jahren, als das Kurtheater nur im Sommer bespielt wurde – das Ensemble des Stadttheaters St. Gallen gastierte damals regelmässig in Baden –, da waren die Zuschauerränge gut gefüllt, denn wer ging schon in die Sommerferien. Aber die Zeiten änderten sich. 1976 kamen die St. Galler zum letzten Mal. Und für die heutige mobile Konsumgeneration liegen Wiener Burgtheater oder Mailänder Scala gleich um die Ecke, und fürs Musical jetten wir jetzt noch schnell nach London. Da wird es für ein kleineres Theaterhaus, wie es das Kurtheater Baden ist (notabene das grösste Theater des Kantons!), zunehmend schwieriger, Ansprüche zu befriedigen.

Regula Schweizers Ehrgeiz und ihrem nimmermüden Einsatz – der ehrenamtlich geführte Job kommt gut und gern einer 50-Prozent-Stelle gleich – hat Baden es zu verdanken, dass es über ein Theaterhaus mit überregionaler Ausstrahlung verfügt. Fürs Stammpublikum gehört Regula Schweizer beinahe zum Inventar des Hauses, man kennt sich. Fällt eine Inszenierung durch – was trotz sorgfältigster Programmation vorkommt und Regula Schweizer jedesmal zutiefst geniert –, gelangt die Kritik schnurstracks an ihre Adresse («Also Frau Schweizer, was Sie uns da wieder zumuten!»). Handkehrum bedankt sich schon mal jemand mit einem Blumenstrauss bei ihr für eine besonders beglückende Vorstellung.

Doch nun beginnt ein neuer Akt: Regula Schweizer wird die Verantwortung für die Programmation abgeben, um sich künftig mehr Zeit für Privates und ihre Unterrichtstätigkeit zu gönnen. Die Theaterstiftung nimmt ab der Saison 2002/03 das Programmieren selbst an die Hand, mit einer festangestellten und bezahlten Intendantin. – Und das geneigte Publikum verfolgt gespannt, wohin sich das Kurtheater entwickelt.

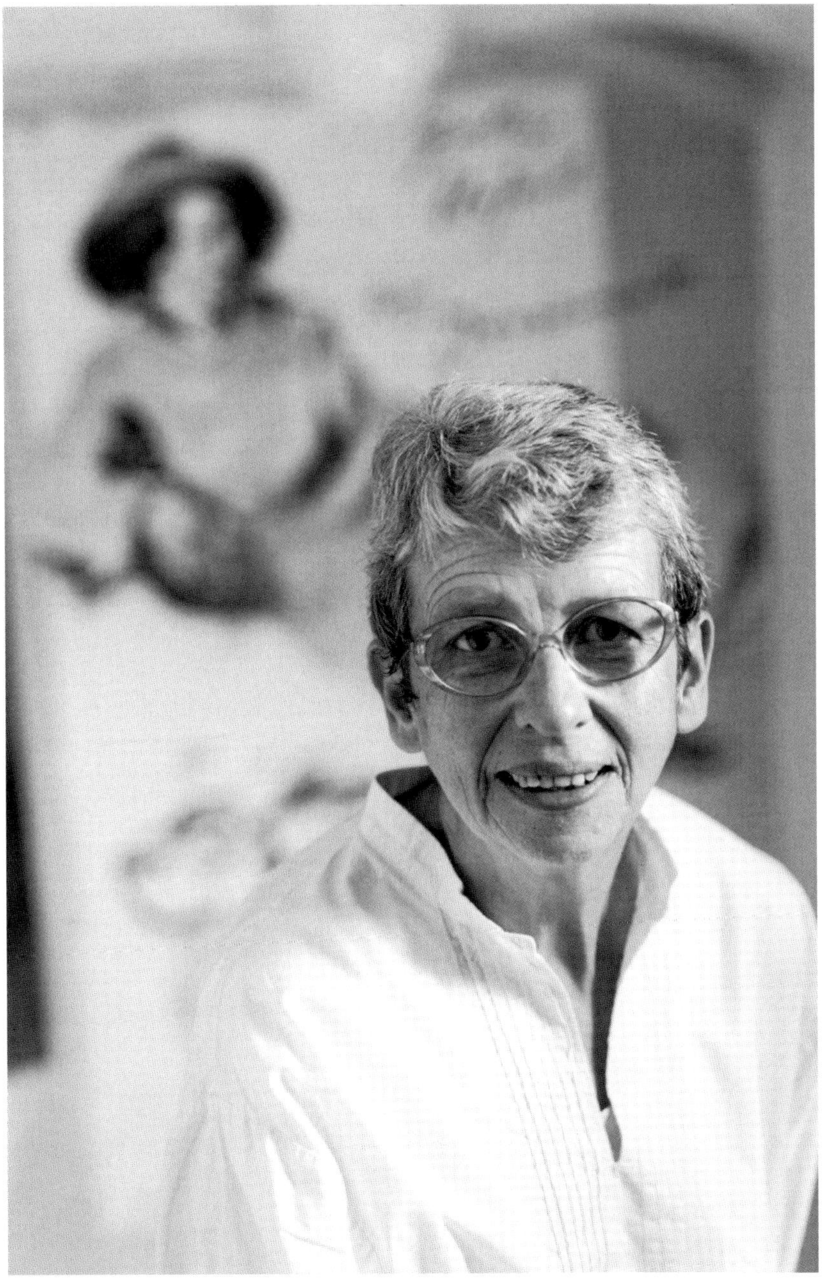

MATTHIAS DIETERLE

geboren 1941 in Basel, wohnt in Aarau. Von Beruf Heilpädagoge, ist er seit dreissig Jahren als Lyriker tätig und hat verschiedene Gedichtbände veröffentlicht. Seit 1999 ist er verantwortlich für die Programmation der Galerie Goldenes Kalb in Aarau.

Augwirbel-/Seele

«ich baue nicht auf – », diese Zeile findet sich im ersten Gedichtband von Matthias Dieterle. «Vielleicht zerteilt der Dichter die Sonne» heisst dieser Band, erschienen ist er 1974 im Sauerländer-Verlag. Dieterle, der in der Zwischenzeit eine Reihe weiterer Lyrik-Bände veröffentlicht hat, besitzt noch ein einziges Exemplar seines Erstlings – auch deshalb passt dieser Satz, steht nicht nur sinnbildlich für einen langjährigen Heilpädagogen und Dichter.

Auch wenn der 1941 geborene Lyriker nicht aufbaut, eingerichtet hat er es sich wohl, zwischen Kunst und Literatur. In seiner Wohnung ist keine Wand frei, überall Bilder, Regale, Manuskripte liegen auf dem Boden, Bücherstapel und Laptop auf dem Tisch.

Zwar bezeichnete Erika Burkart Dieterle vor Jahren schon als den «Kammermusiker» unter den aargauischen Lyrikern, «Dichter» mag er sich trotzdem nicht nennen – «ich bin ein Gelegenheitsschreiber». Gelegenheiten aber, das wird beim ersten Blick auf die Bibliografie deutlich, gab es für Dieterle einige. Seine Gedichte, oft zu Zyklen arrangiert, finden sich auch in Kunstbüchern, etwa im Dialog mit Aquarellen von Jan Hubertus. Mit dem inzwischen verstorbenen Künstler aus Baden verband Dieterle eine langjährige Freundschaft.

Einer, der nicht aufbaut, ist auch keiner Sparte verpflichtet. So legt Dieterle seine Texte einmal an die Musik, dann an eine Bilderwelt oder ans Wort selbst. Seit den 90er-Jahren interpretiert er zusammen mit dem Schlagzeuger Jacques Widmer Jandl-Gedichte, rezitierte zu Paul Gigers Violinklängen Rose Ausländer, Nelly Sachs, Robert Walser oder Ludwig Hohl. Das Ineinandergreifen der künstlerischen Sparten ist bei Dieterles Tun offenkundig. Seit 1999 ist er auch für das Programm in der Aarauer Galerie *Goldenes Kalb* verantwortlich, beglückt so die Stadt mit neun Ausstellungen jährlich. Darunter fanden sich auch die Handschriften von 35 Autorinnen und Autoren.

Rezitieren und bewusst atmen, lesen, schreiben und vermitteln, genau beobachten und agieren. Vielleicht erst auf den zweiten Blick zeigt sich, dass Dieterles Tätigkeitsfelder als «Gelegenheitsschreiber» wie als Heilpädagoge nicht zwei verschiedene sind, sondern in Wechselwirkung zueinander stehen, auf ganz spezifische Weise miteinander harmonieren. Der Gymnastiklehrer findet sich wieder im Rhythmus der Zeilen. Und vielleicht schützt das, was Kinderaugen in einem Bildband sehen, den Pädagogen vor der Blindheit, die Erwachsene nur zu gern befällt.

Matthias Dieterle mit wenigen Sätzen porträtieren? Er selbst tut es im 1993 veröffentlichten Gedichtband «wörtlich/geländet» in einem Wort, zerteilt auf zwei Zeilen: «Augwirbel-/Seele».

PS: Die Kristalle in Matthias Dieterles Gesicht sind nicht Schmuck, markieren auch keine Sektenzugehörigkeit. Der Fototermin fiel lediglich mit einer esogetischen Therapie (nach Mandel) zusammen.

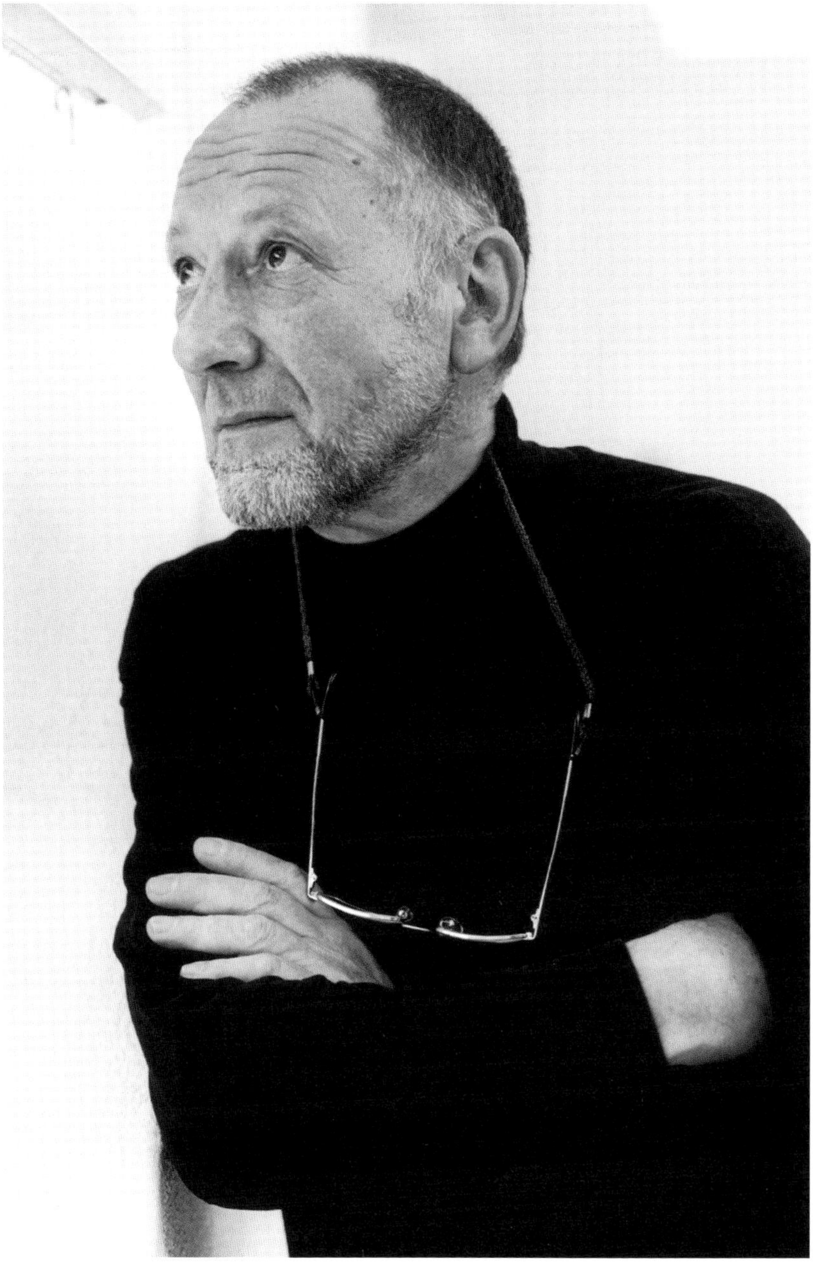

ELISABETH STAFFELBACH

ist 1941 geboren und lebt in Lenzburg. Sie eröffnete 1977 ihre Galerie in Lenzburg. 1998 wurde ihr Schaffen als Vermittlerin, Förderin und Sammlerin in einer Ausstellung im Forum Schlossplatz in Aarau gewürdigt. Im Jahr 2000 ist sie mit der Galerie nach Aarau disloziert. Sie organisierte 1982 und 1985 grosse Freilichtausstellungen.

Die spannendsten Dinge in meinem Leben passieren in der Kulturszene

Als Person und mit ihrer Galerie ist sie seit Jahrzehnten eine Institution und ein Glücksfall im und für den Aargau: Elisabeth Staffelbach. Sie hat ihre erste Galerie 1977 am Kronenplatz in Lenzburg eröffnet, nicht etwa weil die Aargauer Kunstszene so prosperierend und verlockend war, sondern weil es sie mit ihrer Familie in den Aargau verschlagen hatte. Die beiden Söhne sollten die Mutter in der Nähe wissen und nach der Schule einfach vorbeikommen können. Die Galeriegründung versteht Elisabeth Staffelbach als gesellschaftliches Engagement. Zudem habe sie seit ihrer Pariser Studienzeit und ihren Arbeitsjahren in Zürich erlebt, dass die spannendsten Dinge in ihrem Leben in der Kulturszene passierten. So hat mit der *Galerie im Brättligäu* eine Erfolgsgeschichte einer initiativen Wahl-Aargauerin begonnen. 1987 dislozierte die *Galerie Elisabeth Staffelbach* in den alten Lenzburger Stadtbahnhof, hier entstand ein eigentlicher Kern- und Treffpunkt der Aargauer Kunstszene. Seit zwei Jahren führt sie die GESA, die *Galerie Elisabeth Staffelbach Aarau* nun in der Kantonshauptstadt. Warum hat sie jetzt – familiär unabhängiger – nicht doch noch in die Kunstmetropolen Zürich oder Basel gewechselt? «Wahrscheinlich bin ich jetzt so stark im Aargau verwurzelt, dass dieser Schritt nicht mehr aktuell ist. Und zudem bin ich für das harte Kunstbusiness in Zürich auch nicht der Typ. Ich merke immer wieder, dass ich sehr traditionsverwurzelt bin. Das Jugendfest in Lenzburg zum Beispiel ist etwas Wunderbares oder die Konzerte und anderen Veranstaltungen auf dem Schloss, all das hat dazu geführt, dass ich mich hier zuhause fühle. Auch mit Aarau bin ich nicht nur durch die Galerie, sondern durch viele Menschen verbunden. Ich habe heute das Gefühl, ich gehöre in den Aargau. Und es ist immer wieder erstaunlich, wieviel gute, eigenständige Künstler und Künstlerinnen aus dem Aargau kommen.»

Doch einfach ist es nicht, in diesem Landkanton eine auch wirtschaftlich erfolgreiche Privatgalerie für zeitgenössische Kunst zu führen. Der Kreis von Sammlern ist (zu) klein, eine sich gegenseitig belebende Szene und ein grosses Publikum gibt es schlicht nicht. Elisabeth Staffelbach hat hier jahrelange Aufbauarbeit leisten müssen, um einen Kreis von Interessierten zu bilden, die nicht nur in die grossen Städte fahren, sondern es geniessen, hier zeitgenössische Kunst sehen und die einheimische Szene verfolgen zu können. Geärgert hat sie sich oft über die Vorurteile, Kunst sei nur etwas für Insider und Intellektuelle, es sei alles viel zu teuer und oft unverständlich. Sie plädiert für Offenheit und Neugier, versucht einen Einstieg zu bieten, die Leute dazu zu bringen, einfach einmal zu schauen, statt immer gleich bewerten zu wollen.

Highlights für Elisabeth Staffelbach waren ihre beiden Freilichtausstellungen *Kunst und Natur* (1982) und *Schloss, Schlösser, Luftschlösser* (1985). «Das war ein totales Engagement bis zur Erschöpfung, aber es gab auch die Befriedigung, etwas Einmaliges auf die Beine gestellt zu haben und selbst international wahrgenommen zu werden.» Dass sie für diese pionierhaften Kunst-Ereignisse bei der Aargauer Wirtschaft keinen einzigen Sponsoringfranken locker machen konnte, hat leider eine Fortsetzung verhindert.

Mit ihrer Galerie geht es aber weiter, noch mindestens zehn Jahre, sagt Elisabeth Staffelbach heute, denn die Kontakte zu den Künstlerinnen und Künstlern, den beruflichen Anstoss, möglichst viele grosse, wichtige Ausstellungen besuchen zu «müssen», und die Gespräche mit ihrem Publikum möchte sie nicht missen.

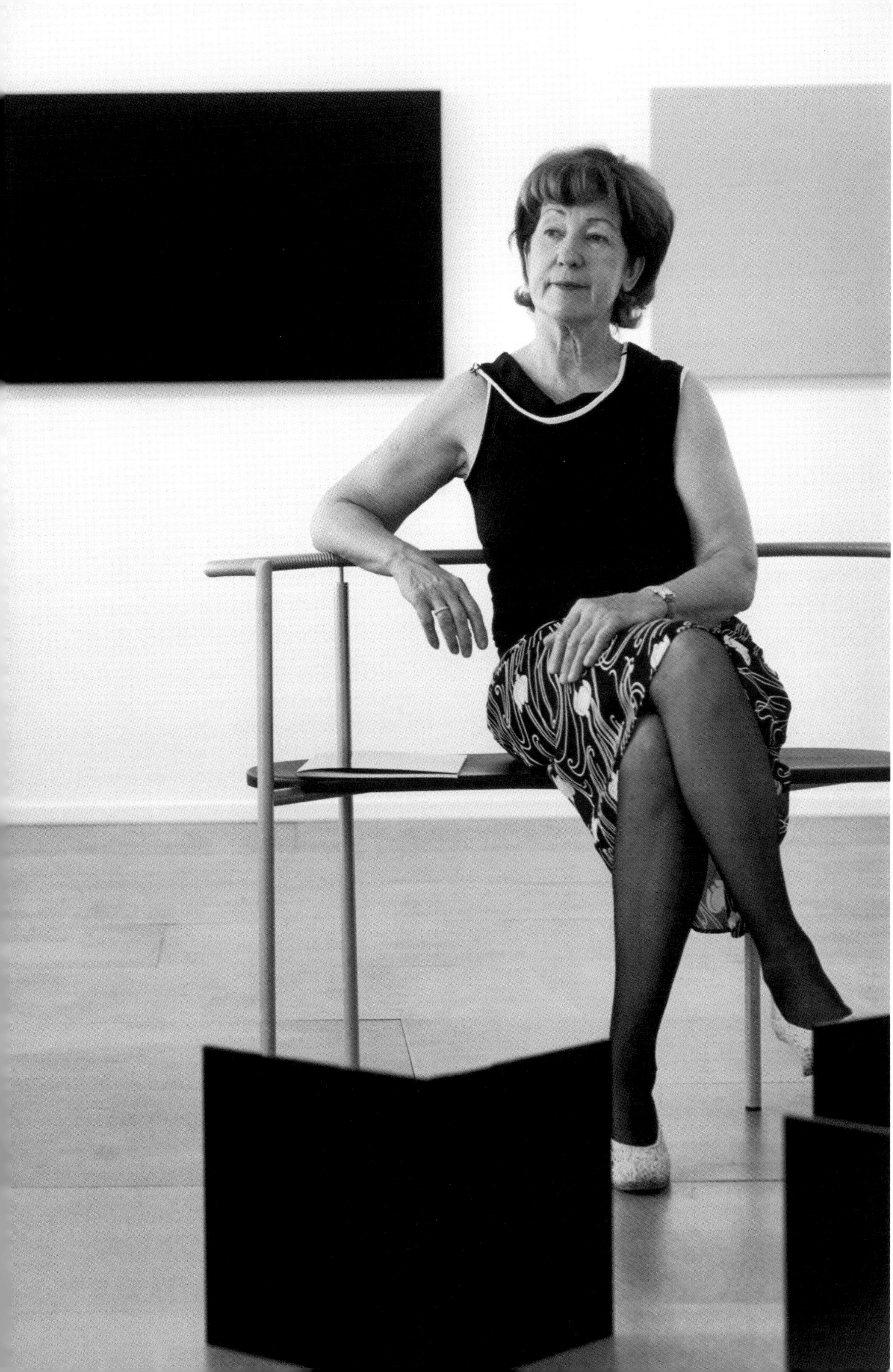

MARK ROTH

ist 1961 geboren und lebt in Nussbaumen. Er ist Schauspieler und Theaterpädagoge und Mitgründer des Jugendtheaters Zamt & Zunder, das in den letzten zehn Jahren insgesamt neun Produktionen zur Aufführung brachte. Daneben macht er auch für andere Gruppen Inszenierungen und hat Lehraufträge an Bildungsinstitutionen.

Theatermann mit Leib und Seele

Ein bewegtes Leben, viele Eindrücke, viel Abwechslung – wie aufgespannt in einem Netz zwischen mehreren Polen fühle er sich gelegentlich, sagt der Schauspieler, Theaterpädagoge und künstlerische Leiter des Theaters Zamt & Zunder. Balancieren und Schweben, Verunsicherung, was den Ausgang von Projekten anbelangt, der leere Raum, keinen Boden unter den Füssen zu haben – diese Gefühle sind Mark Roth wohlbekannt. Seit nunmehr zehn Jahren ist er im Theatergeschäft, engagiert sich mit seinem Jugendtheater in einer Nischenposition und kämpft als Theaterlehrer an verschiedenen Schulen und Bildungsanstalten für mehr Verständnis und Zugang zur Kunstform Theater.

Die einen empfinden seine kulturelle Arbeit fruchtbar und positiv, die anderen hingegen belächeln sie bloss. Damit ist er nicht allein: «Ich kenne keinen Kulturschaffenden, der sich nicht mehr Anerkennung und Akzeptanz in der Gesellschaft wünscht.» Mark Roth macht keinen Hehl daraus, dass ihm die zunehmende Polarisierung, der «Wettbewerb um Marktanteile» in der Kultur Mühe bereitet. «Das ewige Kämpfen zehrt aus.» Gründe gibt es viele: «Unsere Gesellschaft setzt zu sehr auf trendige Events und auf kopfbetonte Wahrnehmung.» Theaterarbeit hingegen lasse sich nicht allein damit machen. «Der Kopf gehört zwar dazu, aber im Theater ist der Mensch in seiner Ganzheit gefragt, mit allen Sinnen.» Kommt dazu, dass die intuitive Beurteilung von Theaterarbeit vielen Leuten unheimlich sei, gerade im Schulbereich, weil sie nicht mit gängigen Massstäben messbar ist und weil sie eigene Gesetzmässigkeiten hat. Und: «Theater als Kunstmittel ist etwas sehr Flüchtiges. Beim Malen kann man die Bilder hinterher stundenlang betrachten, beim Theaterspielen ist man mitten drin, und danach ist sofort wieder alles vorbei.»

Viel Kraft für seine Arbeit bekommt Mark Roth durch seine Familie. Eine flexible Partnerin, die ihm den Rücken stärkt, und die beiden Kinder Anna und Till sind es, die ihm immer wieder zu verstehen geben, dass das Leben noch andere Höhepunkte bietet. Manchmal ist es schwer, aus dem intensiven Arbeiten auszusteigen. Und dennoch gibt es für Mark Roth im Moment keinen anderen Beruf, den er lieber ausüben würde. «Auch wenn ich mir oft wünsche, einen Job zu machen, der weniger Aufwand, dafür mehr Einnahmen und einen geregelteren Alltag versprechen würde.»

Sein offenes Elternhaus sei für seine theaterpädagogische Laufbahn zweifellos prägend gewesen. Nach der Lehrerausbildung an der HPL in Zofingen und einem Jahr an der Dimitri-Schule in Verscio, liess er sich in Zürich zum Theaterpädagogen ausbilden. Sein erstes berufliches Abenteuer sollte ihn bis heute nicht wieder loslassen: Er gründete zusammen mit Tinu Niederhauser das Theater Zamt & Zunder. Einseitige Arbeit mochte er nie. «Ich bin zu vielschichtig, will mitbestimmen, mitgestalten und nicht einfach nur eine Rolle spielen.» Dass dabei auch das Experimentieren nicht zu kurz kommt, liegt auf der Hand. Unlängst überschritt das Theater seine eigenen Grenzen und kreierte erstmals ein Stück für Erwachsene. «Wir strecken die Fühler immer wieder in andere Richtungen aus, konfrontieren uns mit wechselnden Arbeitsformen und Mitarbeitern, ohne aber unsere Wurzeln zu vergessen.»

Selbst wenn das Mäandrieren und Experimentieren zuweilen seinen Reiz hat, die Arbeit mit und für Jugendliche bleibt für Roth im Vordergrund. Weil es für ihn täglich eine neue Herausforderung bedeutet. «Wenn du morgens um zehn Uhr in einer Turnhalle vor Jugendlichen stehst, braucht es enorm viel Kraft, sie zu packen.» Kein Publikum geht spontaner, hemmungsloser, offener und manchmal auch brutaler mit Kritik um. Und dann ist Theater nicht mehr einfach eine Kunstform, sondern eine wertvolle und einzigartige Interaktion zwischen Menschen. Ein Ereignis, das einmalig und unwiederbringbar ist. Karl Valentin forderte einst, dass man das Theater zur Pflicht machen müsste. Dieser Meinung ist auch Mark Roth.

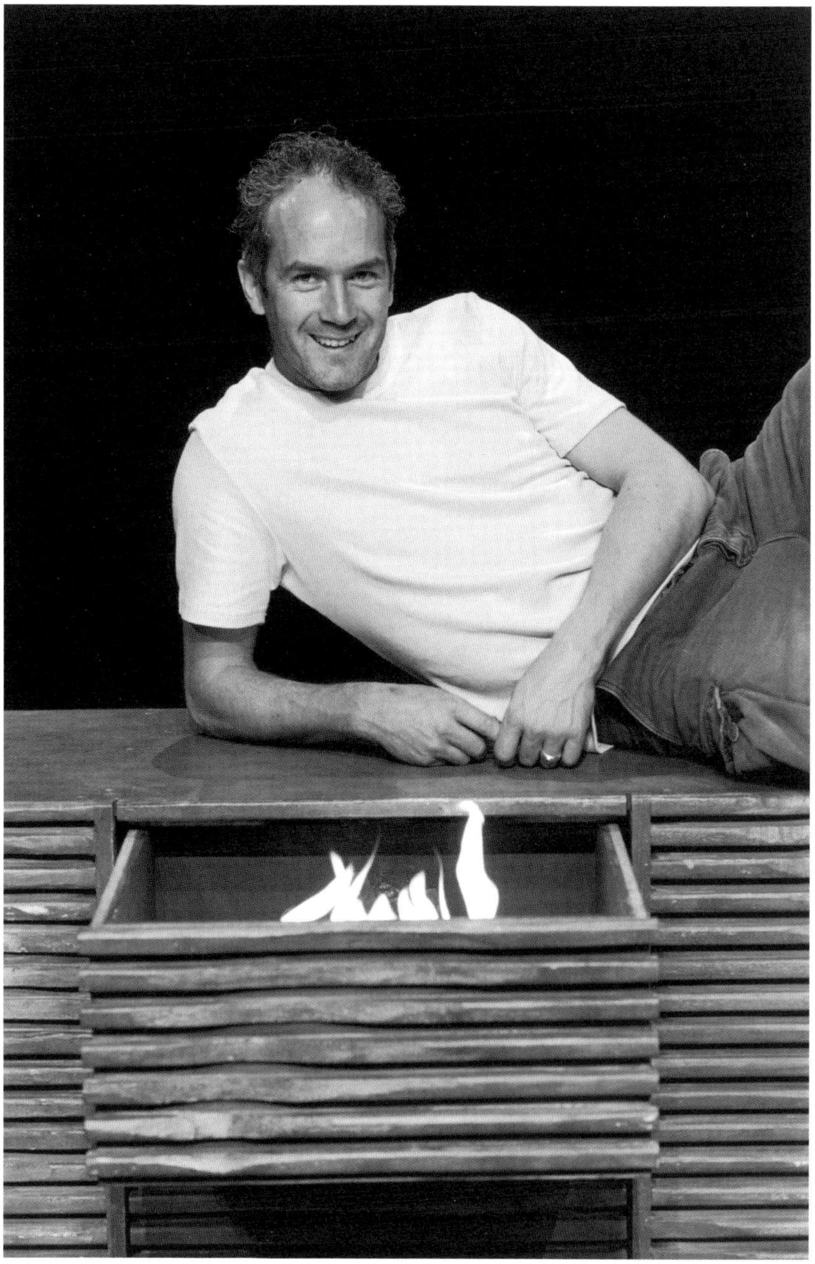

HANSRUDOLF TWERENBOLD

geboren 1939, wohnt in Ennetbaden und ist in Baden mit der «Claque» gross geworden. Er ist freier Schauspieler und hat sowohl Engagements in der freien Szene als auch an verschiedenen Häusern wie dem Theater am Neumarkt, dem Theater an der Winkelwiese, der Tuchlaube in Aarau oder dem ThiK in Baden.

Bin diesem Beruf dankbar

Der Grossvater fährt Kutsche in den Bädern, der Vater macht in Transport und Reisen, der Cousin übernimmt das Geschäft – und der Enkel/Sohn reist durch Rollen und Bühnen. Das ist die Bewegung in Hansrudolf Twerenbolds Leben. Aber er ist kein Unsteter. Als Kind trieb er Kühe die Ehrendingerstrasse hinauf in Ennetbaden, heute wohnt er knapp neben dieser Strasse. Unmittelbar beim Wald, am Westhang der Lägern. *Lothar* hat etwas Licht geschlagen. Die Rehe, zwar schön anzuschauen, verbannte Twerenbold mit einem Zaun aus seinem Garten.

In bäuerlich-gewerblichem Milieu geboren, wurde Twerenbold erst einmal Lehrer – aber spielte immer weiter auf dem Theater, das er schon kannte und liebte, seit seinen Hauptrollen bei Märchenaufführungen mit der Jungwacht, seit dem *Tapferen Schneiderlein*. Ellen Widmann, die am Zürcher Schauspielhaus engagiert war, gab ihm Unterricht. Als Mitglied eines Kammer-Sprechchores zog er erstmals durchs Land.

Die Unrast der Zeit, die Spannung in der Luft der späten 60er- und frühen 70er-Jahre, erfasste ihn nicht mit einer Erschütterung, einem Beben und war trotzdem nachhaltig. Die vielen Jahre bis 1986 in der *Claque* – «eine wichtige Zeit», sagt Twerenbold lakonisch, aber mit bedeutsamer Betonung – sind ohne jenen Aufbruch wohl nicht zu denken. Da und nur da, beim Kapitel *Claque,* entrollt Twerenbold auf dem Boden alte Plakate, kramt die Dissertation eines gewissen Peter Arnold hervor («Auf den Spuren des ‹anderen› Theaters») und zählt die Namen jener auf, die jene Theatergeschichte mit ihm prägten, als die *Claque* noch Leben hatte. «Ich kann mir nicht vorstellen, dass das heute noch möglich wäre in der damaligen Form.» Twerenbold hatte unter anderem Fidel gespielt, Kubas Comandante en Jefe, und das ist auch deshalb unvergessen, weil sich «Tweri» damals stark mit der Rolle identifizierte.

Das Wuchtige zu verkörpern – das ist geblieben: Twerenbold etwa als Pestalozzi. Heute wird er im Kanton Aargau häufig geradezu darauf reduziert. Doch könnte der jetzt 63-Jährige, trotz seiner massigen Gestalt, dem mächtigen Haupt mit den weichen dunkelbraunen Augen, der nie ein Blender gewesen ist, auch das Luftige, Witzige spielen. Freunde sagen ihm nach, er sei «ein unheimlich treuer Mensch». Das Eigenwillige, Widerborstig-Knorrige an seinem Wesen ist manchmal sicherlich auch nicht frei von einem Stich Sentimentalität.

Bei der *Claque* gabs keine Pensionskasse: «Ausser der AHV wird nicht viel bleiben.» Er mache indes mit Freude und Neugierde weiter: «Solange ich kann, werde ich spielen.» Es läuft ihm nicht schlecht, auch ohne Agenten. Intakte Beziehungen, nicht zuletzt zu Jungen, helfen. «Die Frage der Pensionierung stellt sich nicht wie bei einem Lehrer», sagt Twerenbold, schweigt wieder einen Augenblick wie so oft beim Gespräch, fügt dann hinzu: «Ich bin dem Beruf dankbar.»

Natürlich – der Umstand, dass er nie fest in Ensembles von Stadttheatern tätig war, machte auch Dinge unmöglich. Eine Wunschrolle konnte Twerenbold bis heute nie spielen: Büchners Woyzeck. Jungen Leuten, die Schauspieler werden wollen, könne er nur den Rat geben, «in ein Engagement zu gehen, statt sich als freier Schauspieler durchzuschlagen». Dann schweigt er erneut, denkt nach, den Kopf schwer in die Hand gestützt, die Augen mit dem Licht vom Tag draussen und vom Garten völlig nach innen gewandt. Nach einer Weile entwindet sich ein Laut aus tiefer Brust:

«Je ...»

Als wäre Woyzeck am Ende nicht ins Wasser gegangen, sondern nur älter geworden.

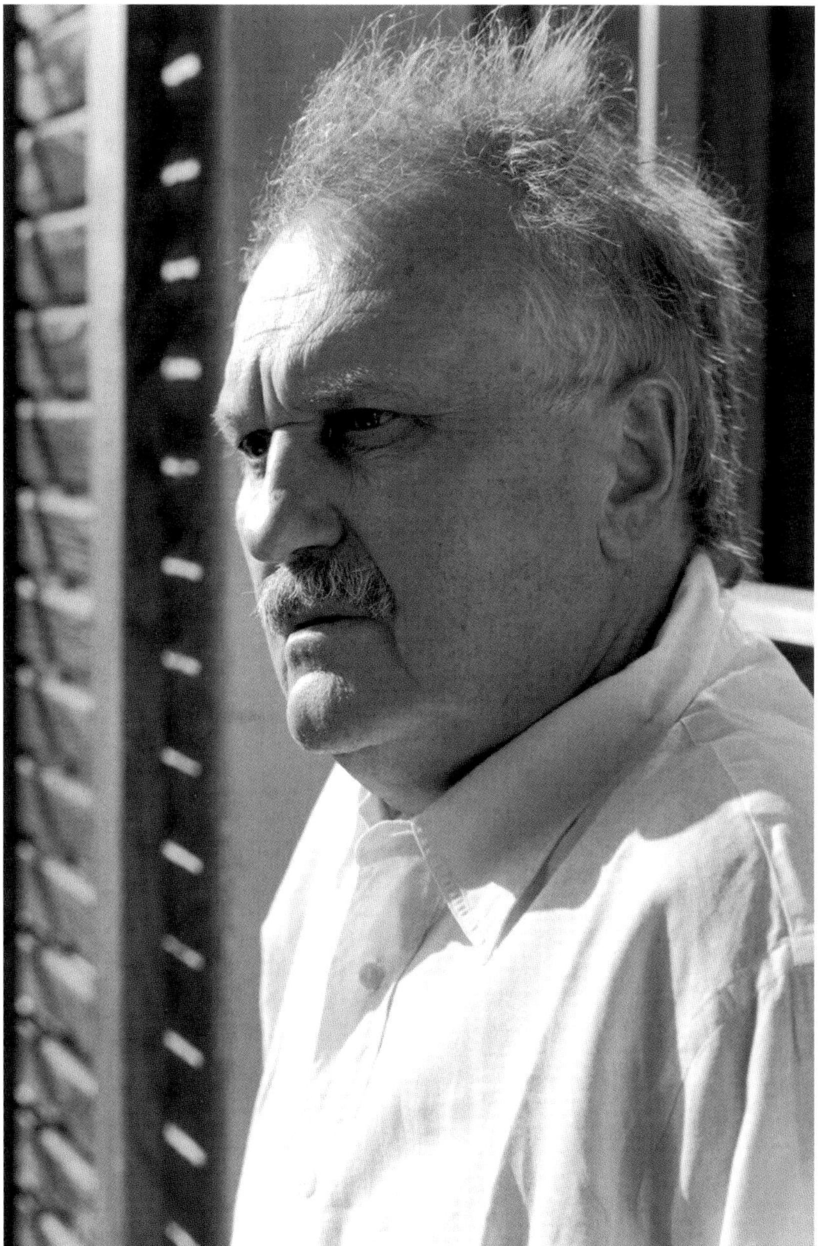

MAX KALT

geboren 1932 in Leibstadt, lebt in Zurzach und ist von Beruf Ingenieur HTL. Von 1966 bis 1972 war er Präsident des Kreisturnverbands, seit 1972 ist er im Vorstand der Historischen Vereinigung des Bezirks Zurzach, seit 1976 deren Präsident.

Der Legionär

Er ist ein wandelndes Geschichtslexikon. Er weiss alles. Alles über Könige, Schlösser, Burgfräuleins, Bauernhäuser, Ruinen, Kirchen, kennt jedes Mäuerchen, das Archäologinnen irgendeinmal in der Schweiz ausgegraben haben, weiss Bescheid über Werkzeuge aus der Bronzezeit und hilft alte Mühlräder reparieren. Er, das ist Max Kalt, ursprünglich Maschinenzeichner, später Ingenieur HTL und seit fünf Jahren pensioniert. «Es ist einfach wunderbar, wenn man pensioniert ist und ein Hobby hat – das hält wach», sagt der einstige Kreisturnverbandspräsident und strahlt. Im Nachhinein bereut es der 70-Jährige, dass er nicht früher in Rente ging. Doch was heisst bei diesem behende agierenden Rentner in Rente gehen. Noch Tag für Tag ist seine Agenda voll: Einer Führung für Kurgäste durch Zurzach folgt ein Termin bei der Kantonsarchäologin, und am Abend arbeitet er zusammen mit den andern Mitgliedern der Museumskommission im Bezirksmuseum *Höfli*. Daneben brütet er seit Wochen im Staatsarchiv über der Geschichte der Fähre Leibstadt-Dogern (D). Zwischendurch hält er als Präsident der Historischen Vereinigung des Bezirks Zurzach Vorträge, macht Inventar über die in der Schweiz noch vorhandenen Mühlräder oder bettelt Geld zusammen, damit kulturhistorisch wertvolle Objekte renoviert werden können. Immer wieder wird der Historiker auch von Gemeinden, Ämtern und Journalisten um Auskunft angegangen. Kann er die Antwort nicht nullkommaplötzlich von seiner «Festplatte» abrufen, schreitet er zielgerichtet die Bücherreihen in seinem Haus ab und holt mit sicherem Griff das Gewünschte hervor.

Etwa 20 sei er gewesen, als seine Geschichte mit der Geschichte begann und die Krimis von Agatha Christie den Geschichtswälzern im Bücherregal immer mehr Platz machen mussten. «Ich war ein Frühreifer», lacht er verschmitzt. War es zuerst das römische Kaiserreich, das ihn faszinierte, ist es immer mehr die regionale Geschichte. «Es ist unglaublich spannend zu entdecken, wie unsere Vorfahren gelebt haben.» An ein Aha-Erlebnis, das diesen Funken zündete, erinnert er sich nicht. Sehr gut hingegen erinnert er sich an seine Hochzeitsreise nach Rom. Die ewige Stadt mit rundum und überall Geschichte, «das liess mir keine Ruhe». Das Leuchten in seinen Augen ob so viel eindrücklicher Vergangenheit muss es gewesen sein, das seine Braut damals ärgerte. Inzwischen haben sie sich arrangiert. Während er in seinen «alten» Büchern liest, ist sie in ihre «neuen» vertieft. Müssiggang ist für den Vielbeschäftigten auch das Schmökern in den unzähligen Heften der Vereine, deren Mitglied Max Kalt ist: der Gesellschaft für Ur- und Frühgeschichte, der Gesellschaft für Kunstgeschichte, des Landesmuseums, der kantonalen historischen Gesellschaft, der Fricktal-badischen Vereinigung für Heimatkunde, der Gesellschaften Pro Vindonissa und Pro Augusta Raurica und… «Ich picke nur das heraus, was mich wirklich interessiert.» Nur interessiert ihn fast alles.

Ist dieses Rund-um-die-Uhr-Hobby nicht eine arge Strapaze für seine Familie? «Nein», sagt Max Kalt, Vater dreier erwachsener Kinder und fünffacher Grossvater. Es sei nicht so, dass er für nichts anderes Zeit habe. So gehören Küchenarbeiten und das Staubsaugen zu seinen Haushaltpflichten. Das ist der Tribut an die Liebe. Denn seine Frau würde ein lichtes, sonniges Haus diesen geschichtsträchtigen Mauern mitten im Zurzacher Ortskern vorziehen, in dem Zeugen aus dem 13. Jahrhundert zu finden sind. Entzückt zeigt Max Kalt ein paar Holzwürmer, die er kürzlich aus einem Türrahmen herausgekratzt und zur Typenbestimmung in einer Dose aufbewahrt hat. Dass er nur in der Vergangenheit lebe, streitet er vehement ab. «Zeitungen, Radio und Fernsehen gehören auch in mein Tagesprogramm. Und schon bald auch das Internet.»

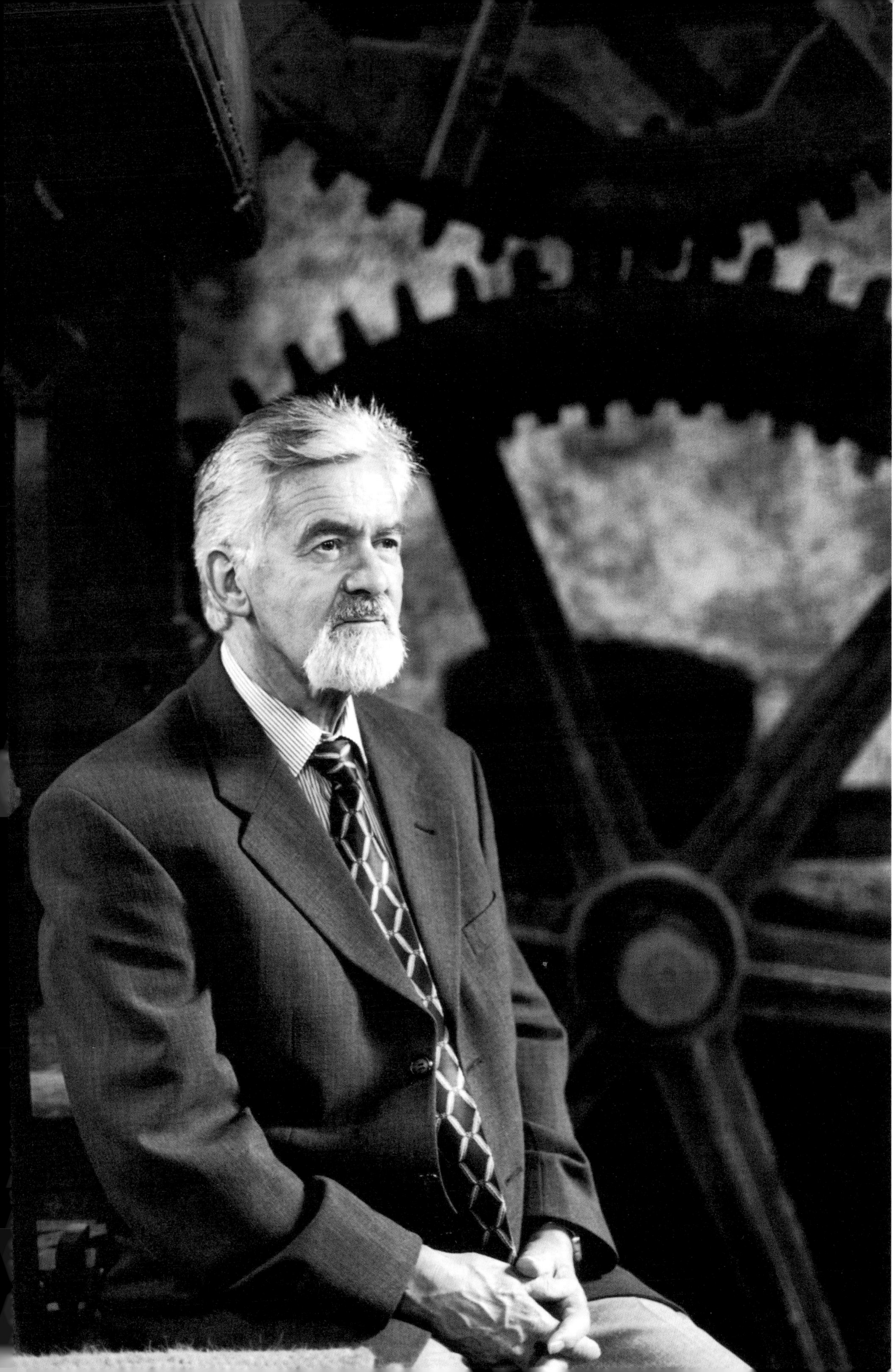

HERBERT FREI

ist 1932 in Endingen geboren und lebt seit 1961 in Mellingen. Er war Real- und Musiklehrer, erster Trompeter im Aargauischen Symphonieorchester 1963 bis 1978, erster Trompeter in der Aargauer Oper/Schweizer Gastspieloper 1968 bis 1977 und Dirigent diverser Musikgesellschaften sowie Leiter von Bläser- und Dirigentenkursen. Von 1991 bis 2000 war er Mitglied des Aargauer Kuratoriums.

Amateur war nie ein Schimpfwort für mich

Dass so viel Musik in einem Leben Platz hat! Wie man heute nicht mehr recht weiss, woher Mozart die Zeit nahm, seine vielen Noten auch nur niederzuschreiben, blickt man ein bisschen ratlos auf die lange Liste von Tätigkeiten, die Herbert Frei in seinem Musikerleben ausgeübt hat. Offiziell habe er jeweils aufgehört, sagt er schalkhaft, «bevor man es mir sagen musste». Nur noch bei besonderen Gelegenheiten ist er selbst noch aufgetreten, wenn es möglich war, sich «den Ansatz wieder anzutrainieren». Offenbar hat auch die Trompete ihre Zeit im Leben eines Menschen.

Die Trompete zu blasen war aber nur eine Seite dieses Musikerlebens. «Ich war eigentlich immer Lehrer», sagt er. Und zwar ein Lehrer im weitesten Sinn. In der Schulstube auch, als Reallehrer, in der Musikschule als Sing- und Trompetenlehrer, er war massgeblich daran beteiligt, dass alle Aargauer Schüler Gelegenheit bekamen, die Musikschule zu besuchen, nicht nur die Bezirksschüler; er wirkte aber vor allem dort, wo sich Erwachsene um Musik bemühen. Er leitete Musikvereine, dirigierte Chöre, hielt Vorträge und Vorlesungen über Didaktik und Methodik an verschiedenen Institutionen in Deutschland und in der Schweiz. Im Militär war Herbert Frei einst der jüngste Trompeter-Feldweibel (Regimentsspielführer) der Schweizer Armee, bis 2001 ziviler Fachlehrer an den Kaderschulen unserer Militärmusik. Und half so möglichst vielen jungen Menschen zu dem zu werden, was er bewunderte – und wohl auch selbst in hohem Mass war: eine Lehrerpersönlichkeit. Karl Grenacher, Musiklehrer am Seminar Wettingen, war eine solche prägende Persönlichkeit; Alfons Kalt, Sekundar- und Musiklehrer in Endingen, wo Herbert Frei geboren und aufgewachsen ist, eine andere. «Er war seiner Zeit voraus», erzählt er rückblickend, «stellte etwa aus den Schülern ein ‹Orchesterli› zusammen, als noch niemand anderer daran dachte.» Herbert Frei erwarb sich am Konservatorium Zürich das staatliche Diplom für Blasmusik und bei Paul Spörri, dem ehemaligen Solo-Trompeter der Berliner Philharmoniker, studierte er klassische Trompete. Im Aargauer Symphonie-Orchester war er fünfzehn Jahre lang (seit der Gründung) erster Trompeter, bei der Aargauer Oper gegen zehn Jahre. Sein letztes Konzert als Solo-Trompeter war Händels *Feuerwerksmusik*, die Klassiker der Trompetenliteratur habe er wohl alle gespielt, auch Haydns Es-Dur-Konzert, vielleicht das bekannteste Werk für Trompete, dessen dritten Satz man so gut pfeifen kann (wenn mans kann).

Karl Grenacher hat dem jungen Herbert Frei gezeigt, wie wichtig es ist, dass die Musik *Volkskultur* ist. Musik machen, nicht nur konsumieren, darauf kommt es vor allem an. Die Musikvereine zeigen immer wieder, welches Potenzial überall vorhanden ist. Herbert Frei weiss, wovon er spricht. Er war Dirigent, während fünfzehn Jahren Präsident der Musikkommission des Schweizer Blasmusikverbandes und Juror an vielen Musikfesten im In- und Ausland. «Es gibt so viele gute Sachen im nicht-professionellen Bereich», sagt er, «das Wort ‹Amateur› war nie ein Schimpfwort für mich.» Wichtig sei, immer wieder die Zusammenarbeit zwischen Berufsmusikern und Laien zu fördern. Davon sei auch seine Tätigkeit im Aargauer Kuratorium von 1991 bis 2000 bestimmt gewesen. «Ich schaute immer, dass der Kirchenchor, der etwas Grösseres aufführen wollte, auch einen Beitrag bekam, damit die Solisten und das ad-hoc-Orchester bezahlt werden konnten.»

Blasmusik scheint eher eine traditionsbewusste Form der Kultur zu sein. «Ja und?» fragt Herbert Frei. «Ich schäme mich nicht, dass ich weiss, wo die Wurzeln sind. Man darf einfach nicht stecken bleiben, sondern muss offen sein für Neues.» Wie damals, als er mit einer Dorfmusik «verrückte Sachen» spielte, etwa ein Potpourri aus *My fair Lady*. Heute gehören solche Stücke zum Standardprogramm an jedem «Musigobig».

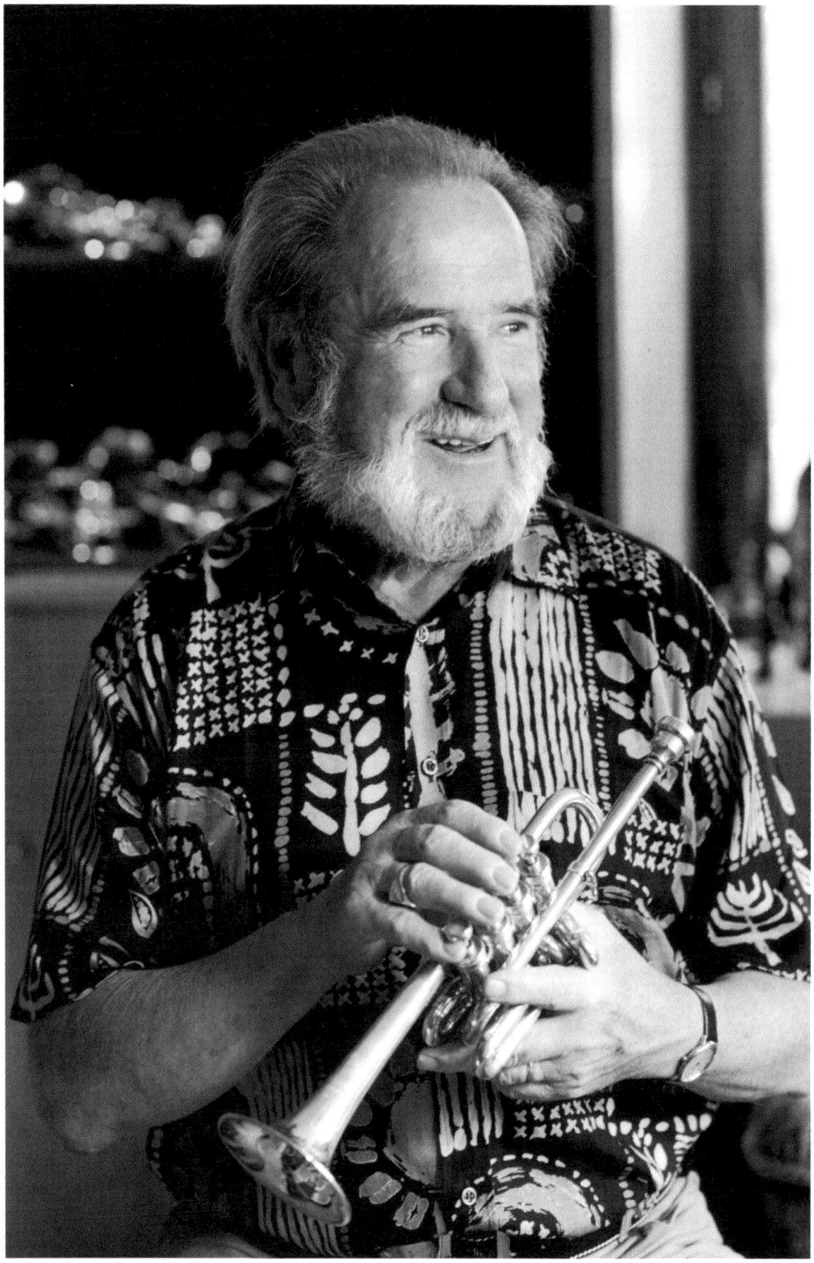

HEIDI WIDMER

ist in Wohlen aufgewachsen und ist dort wieder sesshaft geworden. Nach ihrer Ausbildung zur Kunstmalerin in Genf und Rom arbeitete sie längere Zeit in Rom und machte ausgedehnte Reisen rund um die Welt. Sie beteiligte sich an verschiedenen Einzel- und Gruppenausstellungen im In- und Ausland und gibt Malkurse für Langzeitkranke und Strafgefangene.

Vom Dunkeln ins Licht

Immer wieder, über Jahre hinweg, hat die Kunstmalerin Heidi Widmer die Welt durchwandert. Rund um die Welt führten ihre Reisen, ins Abseits, ins Elend, durch Kulturen der Gegenwart und der Vergangenheit. Sie ging, wie sie selbst sagt, «vom Dunkeln ins Licht und wieder in Schattenbereiche». Zeichnend, malend und schreibend hat sie die Menschen, ihr Denken und Handeln beobachtet, ergründet, zu verstehen versucht.

Heidi Widmer, in Wohlen aufgewachsen, ging mit 18 Jahren an die Ecole des Beaux-Arts in Genf, besuchte danach die Kunstakademie in Rom und schloss als akd. lic. Kunstmalerin ab. Mehrjährige Weltreisen folgten: Von den USA nach Feuerland und zurück (zwei Jahre), auf dem Landweg nach Indien (ein Jahr), Ägypten, Südafrika und später Sri Lanka gehörten zu den wichtigsten Stationen.

Nie hat sich Heidi Widmer einem künstlerischen Trend angeschlossen. Nicht Trotz war es, der sie davon abhielt, nicht Eitelkeit oder gar Koketterie. Sondern vielmehr ein umfassendes Unvermögen, einen anderen als den eigenen Weg zu gehen, um die Gunst des grossen Publikums zu gewinnen. Das hat sie in den letzten Jahren mehr und mehr an den Rand des öffentlichen Interesses gedrängt. Bitter ist manchmal die Erkenntnis, einsam einen Weg zu gehen. Erfüllt von Zweifeln. «Aber die Zweifel verschwinden, sobald ich male.»

Heidi Widmer fühlt sich stark mit der Literatur verbunden. Denn seit jeher malt, zeichnet und schreibt sie, um Inhalte zu vermitteln. «Meine Bilder sind Gefässe, die ich fülle.» Die Präsenz der Unendlichkeit, das Erfassen des Unfassbaren, das Wissen, dass das Nichts eben nicht nichts sein kann, die Wellen des Lebens, die Schatten des Über-Ich, das Sichtbarmachen von Ur-Sehnsüchten, all dies gehört zu Heidi Widmers wiederkehrenden Themen. Sie nähert sich ihnen immer wieder an, wechselt dabei Perspektive und Distanz. Religion, im weitesten Sinne, ist es; philosophisch-symbolhaft zu Papier gebracht.

Verbinden, vernetzen, Lebensfäden spannen und entspannen – Heidi Widmers rote, blaue oder auch goldene Fäden sind zum Erkennungszeichen geworden. Seit frühester Zeit ziehen sie sich durch ihr Werk. Sie halten zusammen, trösten, führen weiter, zeigen einen Ausweg; aber die Fäden oder Bänder können, zum dichten Netz gespannt, auch gefangen halten, einschliessen – aber nicht ohne Licht oder Hoffnung zuzulassen.

Reich ist das bisherige Werk von Heidi Widmer; reich an Inhalt und in der Fülle. Ob mit Fäden, Bändern oder Netzen, Menschen-, Schatten- oder Engelsgestalten, Stufen, Türen oder Fenstern – Heidi Widmers Werke sind Schlüsselbotschaften aus dem Unbewussten und gleichzeitig internalisierte Auseinandersetzung mit der Kunstgeschichte. Durch das mit starken Symbolen fassbar gemachte Unfassbare berühren sie die Betrachtenden, dringen ein, bewegen. Die Gemälde mit den bevorzugten Farben blau, rot und gold genauso wie die aussagestarken Zeichnungen. Je nach Lebens- und Schaffensphase steht das Malen oder eben das Zeichen im Vordergrund.

Das Wichtigste in Heidi Widmers gegenwärtigem Schaffen sind die Bücher, in die sie Nacht für Nacht zeichnet, getrieben von einem unwiderstehlichen Drang. Mit Tusche schreibt sie gewissermassen den grossen Roman vom Leben und von der Unendlichkeit.

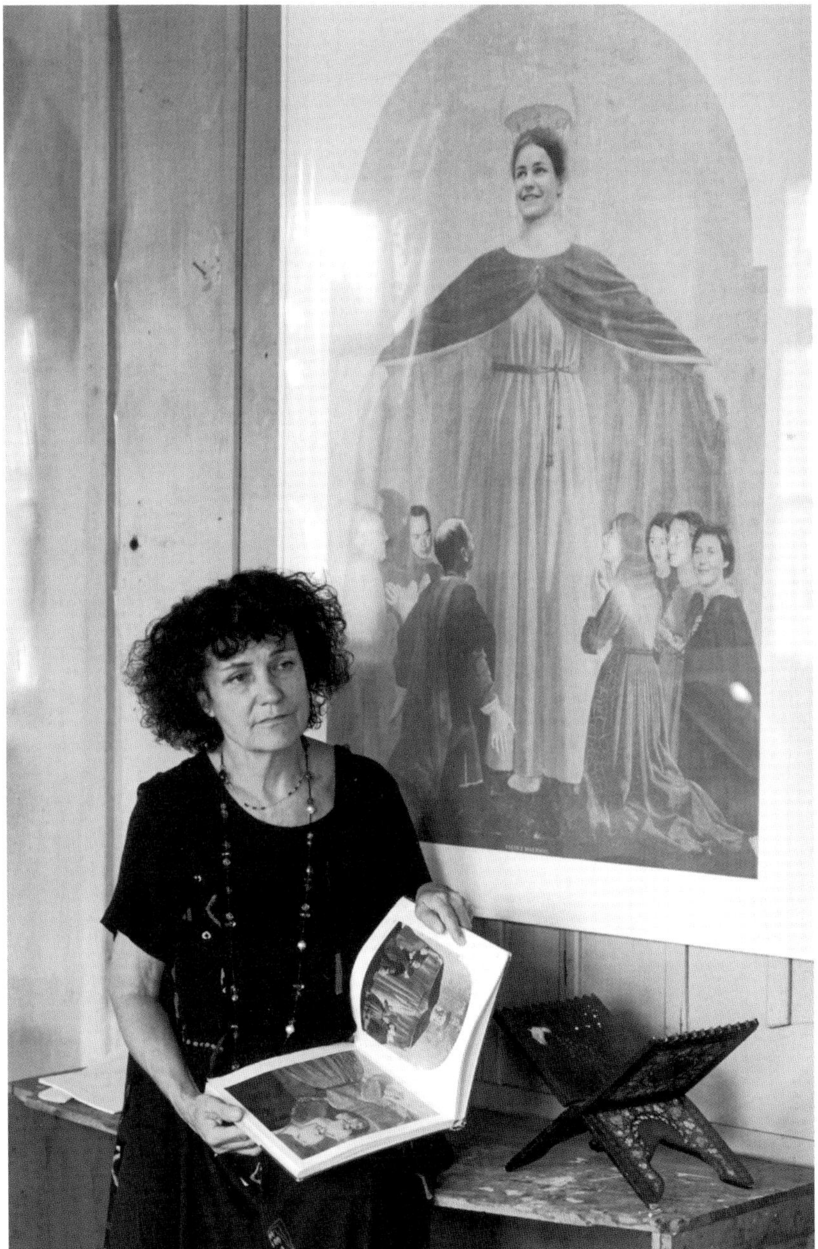

MICHAEL SCHÄRER

geboren 1975 aus Safenwil, wohnt in Aarau.
Michael Schärer arbeitet als Regisseur und Editor,
hat schon verschiedene Preise gewonnen,
für SF DRS und Sat1 Filme geschnitten und arbeitet
im Moment an zwei Drehbüchern für Spielfilme.

Aarau – New York retour

Michael Schärer? Ja, sagt er bei unserem Treffen am Bahnhof in Aarau und korrigiert sogleich: «Mike Schärer». No problem, Mike. Wann immer sein Vorname ins Englische mutierte: Selbstverständlich nennen wir den Sohn einer Amerikanerin so, wie er seit je von der Familie und Feunden gerufen wird. Als Mike hat er auch vier Jahre lang an der School of Visual Arts studiert und ist Ende 2000 mit einem BA of Arts und dem preisgekrönten Kurzfilm «Warmth» nach Aarau zurückgekehrt.

Von New York nach Aarau? Mike Schärer, 27, smart, dunkle Haare, schwarze Brille, offen und umgänglich, erzählt, weshalb er nach der Weltstadt wieder in seiner Heimatstadt gelandet ist. Es ist keine Liebesgeschichte über Aarau, aber mit der Liebe hat es zu tun und ein wenig auch mit Logistik: «Meine Freundin wohnt in Aarau und studiert in Basel. Ich arbeite immer wieder in Zürich oder im Ausland. Für uns liegt Aarau somit ziemlich zentral.» Aber auch, weil es ihm hier gefällt: die Aare und die Natur um die Stadt. Doch Mike Schärer erinnert sich auch an emotionell schwierigere Zeiten mit dieser Stadt und diesem Kanton. «In der Jugend kam mir alles so klein und so bünzlig vor. Ich habe gekämpft mit meinem Kanton.»

Weggehen und irgendwo an einer Filmschule studieren, das stand deshalb schon nach der Matura an der Kantonsschule Aarau fest. Aber wohin? Nach Deutschland oder in die USA. Nach einem Zwischenjahr und einem Praktikum entschied sich Mike Schärer für die School of Visual Arts in New York. Warum? Auch wegen New York, vor allem aber, «weil diese Schule eher dem europäischen Modell einer Kunstgewerbeschule entspricht». Eine Gross-Universität mit angegliederter Filmabteilung wäre ihm ein Gräuel gewesen.

Im Kleinen und Überblickbaren hat auch angefangen, was Mike Schärer inzwischen gefangen nimmt. Im Studio Kino in Aarau, wo er drei Jahre aktiv tätig war oder im Filmclub der Kantonsschule. Kreativ am prägendsten aber waren die Jahre in einer Musikgruppe. «Dort habe ich auch angefangen, mit Videos zu arbeiten», erinnert er sich. «Wir waren eine elektronische Rockband, sind dann in eine Art Performance Band übergegangen und haben versucht, Theater, Video und Musik zu verbinden.» So schlitterte Mike Schärer allmählich hinein in den Film, ohne von der Musik zu lassen. «Musik und Film sind zwei verwandte Medien», meint er, «beide sprechen die Zuschauer oder Zuhörer über die Emotionen an und nicht über den Intellekt.»

Auf dieser Ebene und mit dieser Verknüpfung will Mike Schärer arbeiten. Seine Vorbilder: Musikalisch gepackt habe ihn die Elektronisierung der Musik. Damit kam man endlich weg vom «Standard-Rock-Denken». Interesse zeigt er an der Vermischung von E- und U-Musik, und schliesslich pröbelt er gerne mit ungewohnten Sachen – zum Beispiel mit Geräuschen. Seine Film-Vorbilder hingegen sind weniger experimentell. Aber es müssen Filme sein, die «formal mit dem Medium spielen», sagt Mike Schärer und nennt zwei Namen: Jean Luc Goddard oder David Lynch. Was ihn daran fasziniert? Die Antwort könnte von einem Musiker stammen: «Die machen Filme, die über rhythmische Bilder und weniger über Dialoge sprechen.»

Natürlich schielt Mike Schärer ab und zu in diese Welt des Films. Doch er bleibt realistisch. «Ich kann nicht wählen. Ich muss nehmen, was man mir gibt.» Und so bewegt er sich Schritt um Schritt vorwärts, macht Regie (auch für Werbefilme), schreibt Drehbücher oder besorgt den Schnitt – in Zürich, New York, Berlin, Stuttgart oder Köln. Mike Schärer wechselt die Orte, sein Ziel jedoch bleibt sich gleich: Irgend wann einmal möchte er einen grossen Spielfilm drehen.

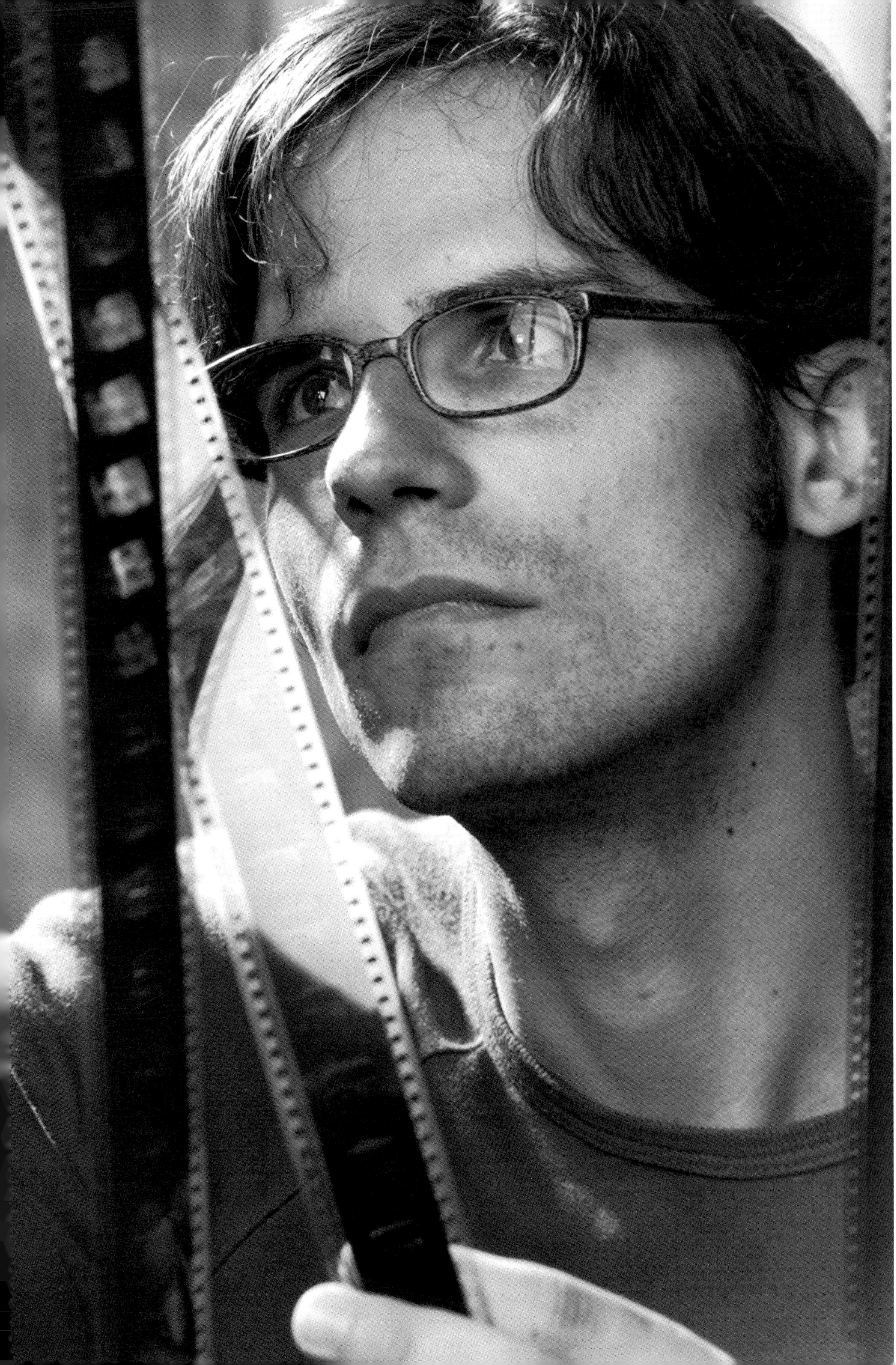

ELSI BRANDWEIN

geboren 1969 als Elsbeth Brand, aufgewachsen in Frick, wohnt in Wöschnau bei Aarau. Von Beruf gelernte Damenschneiderin, arbeitet sie als freie Modedesignerin und war schon an verschiedenen Ausstellungen und Modeschauen in Zürich und Basel beteiligt.

Tragbare Kultur

Sie könnte glatt einer Novelle von Jeremias Gotthelf entsprungen sein. Die Bauerstochter Elsbeth Brand aus Frick, die sich als Elsi Brandwein einen Namen in der Schweizer Designer-Szene geschaffen hat. Bodenständig und eigenwillig wirkt sie, wenn sie am schwarz gedeckten Stubentisch in ihrer Wöschnauer Altbauwohnung sitzt, umgeben von geschickt inszeniertem Krimskrams. Der Plüsch-Frosch auf dem Fernseher, die Glasperlen-Vorhänge vor dem Fenster, die kitschigen Farbdrucke in den Goldrahmen auf der hellblauen Täferwand. Ein Abbild einer typischen gotthelfschen Frauen-Figur? Sie würde diesen Vergleich vehement verneinen. Nun, Gotthelf hat die Bauerstochter dennoch beeinflusst – mindestens was ihren Künstlernamen angeht. «Mit Elsbeth Brand kann man keine Mode machen», hatte sie sich gesagt und sich an Gotthelfs Werk *Wie fünf Schwestern im Branntwein jämmerlich umkommen* erinnert.

Aus einer Not heraus hat sie den Beruf der Damenschneiderin gewählt – «weil mir die Mutter mit einem Haushaltlehrjahr drohte» und sie als Jüngste einer Grossfamilie ohnehin nicht mit einer grossen Garderobe ausgestattet war. Mitgenommen hat sie aus der Berufslehre vor allem das Handwerk, den Modestil der damaligen Zeit indes hinter sich gelassen. Eine Design-Schule sollte folgen. Sie merkte jedoch bald, dass ihr das projektbezogene Arbeiten weniger liegt. Und weshalb auch? Während andere verzweifelt nach einer Stelle suchten, kamen bei ihr die Aufträge in schöner Regelmässigkeit herein. Mal war es ein Deux-Piece für die Nachbarin, mal ein Hochzeitskleid für die Kollegin, mal ein Kostüm-Auftrag für ein Theater. Modeschauen im Aarauer KiFF folgten. Ebenso die Eröffnung des ersten Ladens in Aarau – zusammen mit anderen Jung-Designern. «Die Erfüllung eines Traums.» Doch die Realität holte sie nach sieben Jahren ein: «Die Leute kamen bald nur noch an die Modeschauen, weil es ein gesellschaftliches Ereignis war, die Kleider aber blieben im Laden hängen.»

Heute arbeitet sie wieder als Einfrau-Betrieb und hat mit ihren Piktogramm-Shirts und -Taschen – äusserst erfolgreich – eine neue Nische gefunden. Ihre auffälligen Cumulus- und Supercard-Taschen, die sogar in die Sammlung des Schweizer Landesmuseums aufgenommen wurden, reiht sie hingegen eher unter dem Stichwort «positiver Medieneffekt» ein. Als Allround-Job bezeichnet Elsi Brandwein, die weder Modehefte liest noch einen Star-Designer als Vorbild hat, heute ihr Berufsbild. Nicht nur Entwerfen und Nähen gehören dazu, sondern auch das Vermarkten ihrer selbst, samt Internet-Auftritt.

Ob sie Kunst oder Kultur mit ihrer Mode schaffe? Sie zögert: «Eigentlich wohl beides.» Doch das ist ihr weniger wichtig, Hauptsache, sie macht Produkte, die gebraucht werden – tragbare Kultur sozusagen. Sie wehrt sich jedoch gegen die Verkulturisierung alles Möglichen. «Heute bist du nur noch interessant, wenn du Kultur schaffst.» Jeder Mensch mache doch auf seine Art Kultur: «Wenn man Fantasie und Kreativität auslebt, dann ist das für mich Kultur.» Sie persönlich lebt Kultur nicht nur als Mode-Designerin: Während Jahren war Brandwein auch Gitarristin der Frauen-Rockband *Chicken Skin*. Das gehört zwar längst der Vergangenheit an, heute begnügt sie sich damit, Konzerte anderer Musiker zu besuchen. Doch es gab Momente in ihrem Leben, wo ihr Weg ebensogut in Richtung Musik hätte gehen können. «Kultur ist für mich auch ein Stück Individualität», sagt Elsi Brandwein. Und die schafft sie nun mit ihren Kleidern, Taschen und Accessoires.

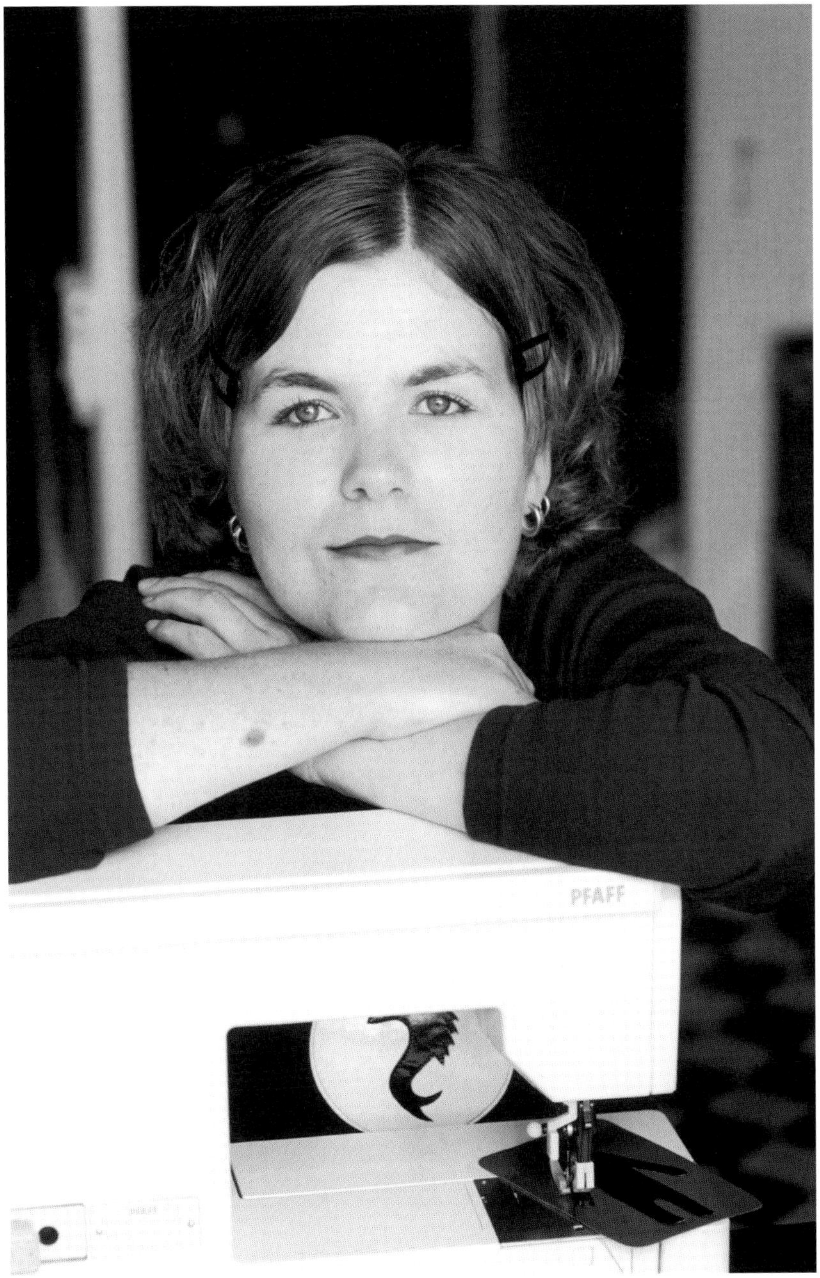
PFAFF

MARTHA JEREMIAS-LÜPOLD

1948 geboren, ist gelernte Verkäuferin und Familienfrau in Möriken. Sie ist heute Ehrenpräsidentin der Trachtengruppe Möriken-Wildegg, die sie 17 Jahre geleitet hat. Als begeisterte Jodlerin im Duett mit ihrem Mann engagiert sie sich generell für den Erhalt des Brauchtums.

Singen ist etwas für die Seele

Wenn Freude am Trachtentanz und Singen erblich ist, dann hat Martha Jeremias-Lüpold diese von ihrer Mutter geerbt. Obwohl Bauers- und Geschäftsfrau, hatte sie sich intensiv für die Trachtengruppe Möriken-Wildegg eingesetzt, so dass Martha schon als kleines Kind vom «Trachtenvirus» infiziert wurde. «Damals wurde in der Trachtengruppe beim Singen jeweils noch gestrickt», erinnert sie sich; die Zeit der Frauen war zu kostbar, um sie nur mit Singen zu verbringen.

Kindertanzgruppen, wie sie heute an vielen Orten bestehen, gab es damals noch nicht. Trotzdem durfte Martha ab und zu mitmachen. «Meine erste Tracht bekam ich aber erst etwa mit 13 Jahren.» Mit Jodeln hatte sie damals allerdings noch nicht viel am Hut, obwohl sie volkstümliche Musik sehr gern hatte. «Mein grösster Wunsch war es, Handorgel zu spielen. Das lag aber nicht drin.» Dafür durfte sie mit 17 Jahren in die Trachtengruppe eintreten. Mit 19 zog es Martha Jeremias in die Ferne, sie kehrte indes nach vier Jahren nach Möriken und damit zu ihrem Verein zurück. «Seither war ich immer dabei, abgesehen von den Baby-Pausen.» Und noch heute singt und tanzt sie begeistert in der Trachtengruppe mit, die sie im Lauf der Jahre auch geprägt hat. 25 Jahre lang hat sie im Vorstand mitgewirkt, 17 davon als Präsidentin. «Da wird man so etwas wie die Mutter des Vereins. Die Frauen haben mir oft Dinge anvertraut, die sie sonst niemandem sagen konnten.» Dass die Mitglieder der Trachtengruppe Martha Jeremias als Dank für ihren Einsatz zur Ehrenpräsidentin machten, ist für sie Verpflichtung, sich weiterhin für das Wohl des Vereins zu engagieren.

Zum Jodeln kam Martha Jeremias durch ihren Mann Alois Jeremias, selber Jodler und Jodelchorleiter. Er brachte ihr die Grundkenntnisse bei, später besuchte sie Jodelkurse. Zusammen haben die beiden schon manches Familienfest, manche Geburtstags- oder Hochzeitsfeier mit ihrem Jodelgesang verschönt. Und selbstverständlich treten sie dann in der Tracht auf. Martha Jeremias besitzt drei Trachten: eine Aargauer Werktagstracht, eine Aargauer Sonntagstracht und eine Berner Gotthelftracht. «Ich fühle mich darin immer sehr wohl und gut angezogen», betont sie.

«Singen ist etwas für die Seele», ist die Trachtenfrau überzeugt. Die Nachwuchsprobleme vieler Gesangsvereine führt sie unter anderem darauf zurück, dass heute in der Schule viel zu wenig gesungen werde. «Dadurch geht viel Liedgut und Brauchtum verloren.» Sie lässt es aber nicht beim Bedauern bewenden, sondern setzt sich seit Jahren für den Erhalt des volkstümlichen Brauchtums ein. Anstatt arbeiten zu gehen, hat sie sich mit aller Energie für den Erhalt der Trachtengruppe eingesetzt, auch wenn es ab und zu Leute gab, die sie deswegen belächelten. «Im Ausland besuchen die Leute Folkloreabende, zu Hause finden sie diese bünzlig», bringt sie die Sache auf den Punkt. Sie jedenfalls möchte keine Stunde missen, die sie mit Tanzen und Singen verbracht hat.

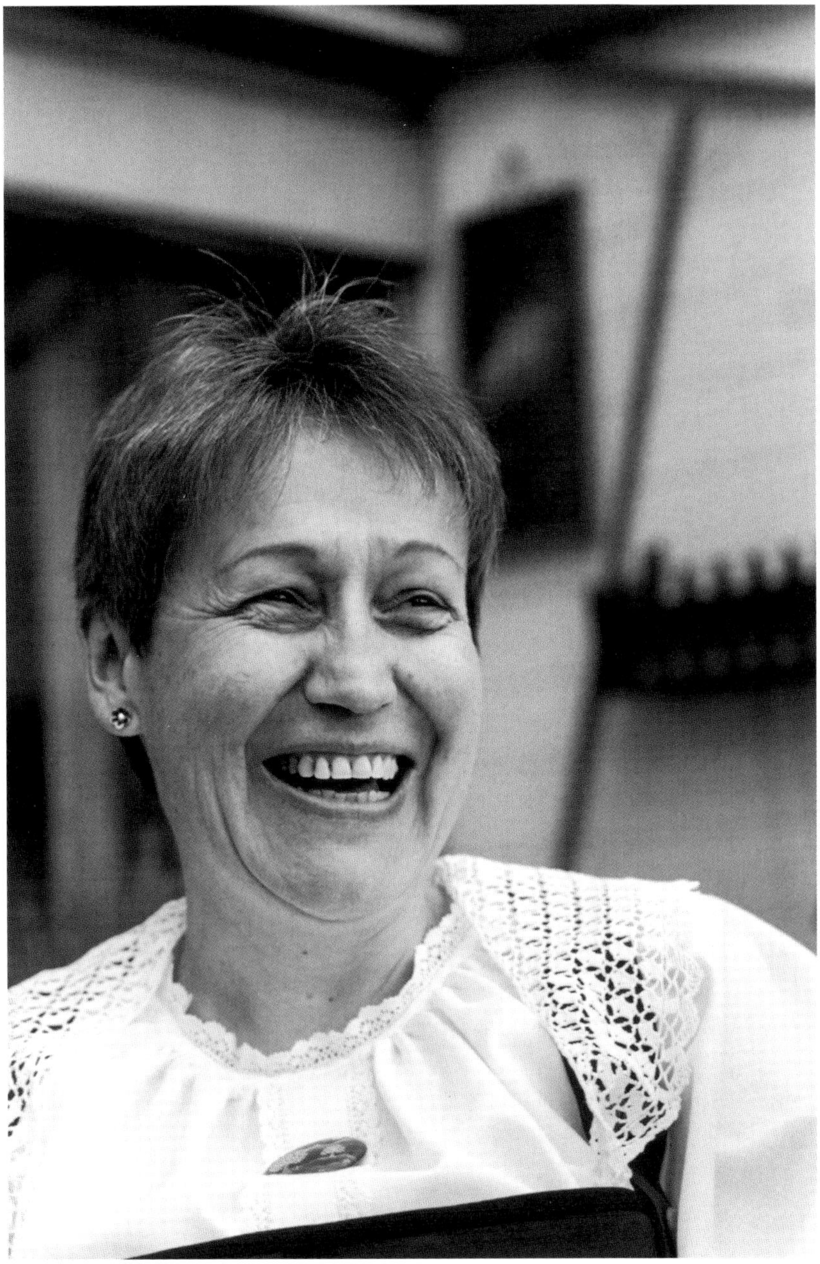

GEORG GISI

1916 geboren, hat in Wettingen das Lehrerseminar besucht und war dort später Methodiklehrer. In Elfingen hat er als junger Lehrer die Gesamtschule übernommen. Er zeichnet und dichtet und hat verschiedene Lyrik-Bände veröffentlicht.

Die Welt ist übervölkert von Wörtern

Die ersten Worte gehören dem Garten, der Erde, dem Gemüse, dem Grün der Hügel am fernen Horizont. «Bevor wir miteinander reden, zeige ich Ihnen, was mir besonders wichtig ist, etwas, das an meinem Leben teilnimmt, das Teil meines Lebens ist: die Natur.» Wer Georg Gisi auf dem Kappenhügel ob Elfingen besucht, kann sich kaum satt sehen an der wunderschönen Landschaft. Die Weite, die Stille, das verträumte Dorf, wo Georg Gisi vor über 60 Jahren als junger Lehrer von der ersten bis zur achten Klasse gleich die ganze Jugend in einem Schulzimmer hatte. Was heute undenkbar ist, war damals nicht ungewöhnlich. Eine grosse Verantwortung, sicher. «Er ist streng, aber man merkt es nicht!» Ein Lächeln der Erinnerung zeigt sich. Ein schöneres Kompliment kann ein Lehrer von seinen Schülern nicht bekommen.

Georg Gisi, der im vergangenen Jahr seinen 85. Geburtstag feierte, ist in Niedergösgen geboren, ging in Aarau zur Schule, bevor er in Wettingen das Lehrerseminar besuchte. Vielleicht war es jene klösterliche Umgebung in Wettingen, die diesem Mann schon damals die Werte der Stille nahe brachten. Jedenfalls zog es ihn nach den ersten Jahren als Lehrer an diese Stätte der Ausbildung zurück. Als Methodiklehrer hat er unzähligen Lehrerinnen und Lehrern versucht jene Dinge mitzugeben, die man mit etwas philosophischem Anspruch als «etwas Nähe zum Humanen» deuten könnte. Denn einer, der Gedichte schreibt, der Eidechsen zeichnet, den Forsythienstrauch, den Pirol oder die Landschaft des Bözbergs, einer der für Kinder Geschichten schreibt, der weiss, wie man dem jungen Leben zu begegnen hat.

Als ihn sein Vater einmal an eine Weihnachtsausstellung in den Saalbau in Aarau mitnahm, wo Aargauer Künstler ihre Werke zeigten, da griff er selber nach dem Bleistift, nach den Farben. Das sollte bis heute bleiben. Die Landschaft verändert sich, wenn er je nach Wetter oder Jahreszeit aus dem grossen Stubenfenster schaut. Da genügt ein Blatt Papier oder ein Buch, um neue Welten zu entdecken. Als Eremit würde er sich nicht bezeichnen, aber er scheut die Städte. Er braucht sie nicht, auch nicht die Reiseflucht. Da ist ihm sein Lieblingsautor Henry D. Thoreau wichtiger, ein Mann des einfaches Lebens, dessen Tagebücher und poetische Naturbetrachtungen ihn bis heute beschäftigen. Von Georg Gisi sind verschiedene Bücher mit Lyrik oder Prosa erschienen. Und dass der stille Mann die grossen Worte, die langen Reden mit dem kurzen Sinn nicht mag, das beweist er mit seinen Gedichten, die in ihrer Verknappung an den japanischen Haiku erinnern. «Die Welt ist übervölkert von Wörtern», meint er, wenn wir ihn auf die Kürze seiner Gedichte ansprechen. Aber er weiss, dass es nicht einfach ist, der Erzählwelt das Schweigen abzufordern. Und doch, Georg Gisi ist bis heute ein positiv denkender Mensch geblieben. «Sehen Sie, der Blumenstrauss dort, er verwelkt, aber wenn ich ihn zeichne, hält er etwas länger», sagt er lachend. Da erinnern wir uns, dass wir sogar im Soldatenliederbuch dem Namen Georg Gisi begegnet sind: «Ach, was willst du traurig sein…», den Text hat Gisi verfasst. Und schwingt hier nicht der Optimismus, das Hoffnungsvolle mit, das ein Leben prägt?

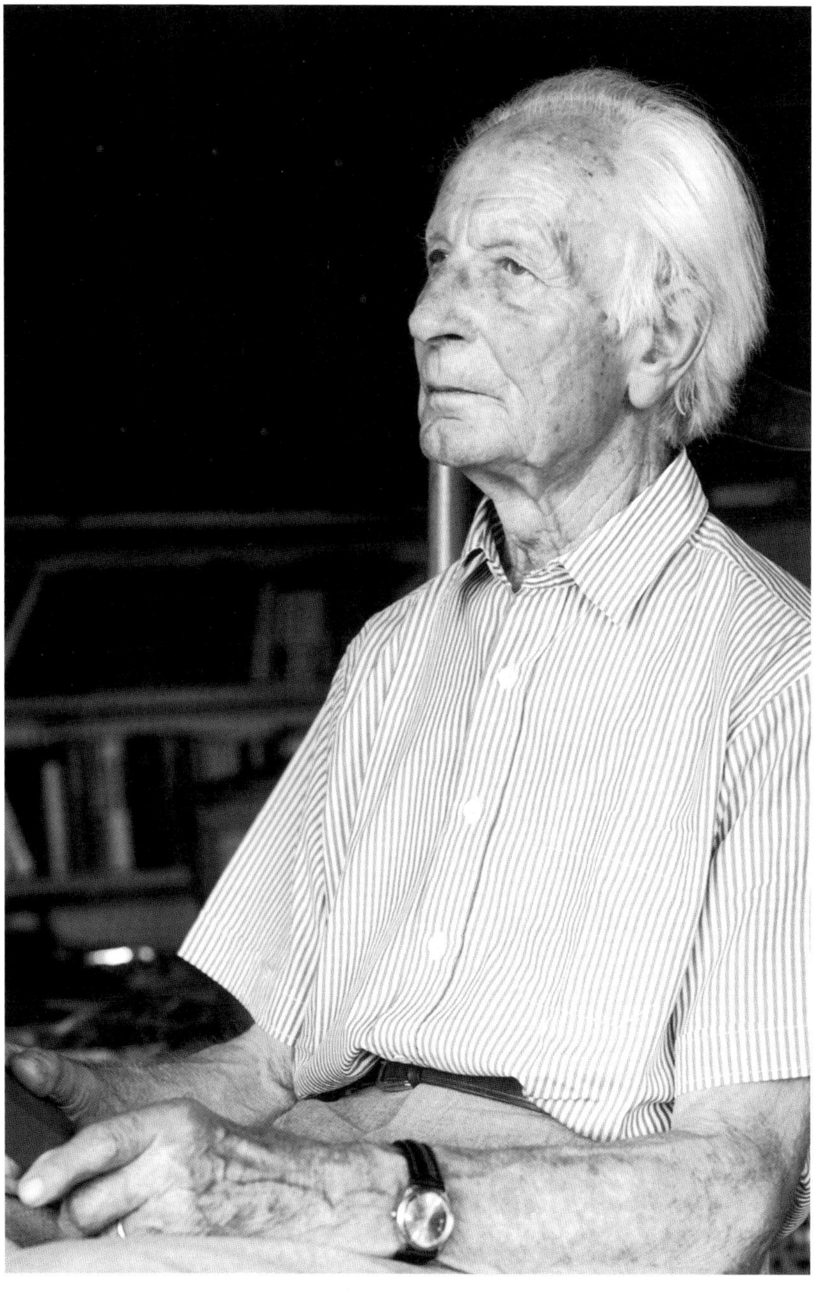

BEAT UNTERNÄHRER

ist 1942 Schüpfheim geboren und lebt in Unterentfelden. Er ist heute Unternehmensberater, Grossrat und Präsident des Schweizerischen Turnverbandes. Er ist Mitglied der Theatergesellschaft Oberentfelden, Akteur an den Freilichtspielen in Aarau und Spieler und Regisseur am eigenen ‹Unternehmenstheater›.

MA of opera

Beat Unternährer, 60, ist kein Schütze. Aber ein Schauspieler. Als solcher posiert er hier auch und stellt als Junker May von Rued eine Szene nach, die er 1998 in Aarau im Freilichtspiel *Der Rebell* gespielt hat.

Eine Pose mit tieferer Bedeutung. Denn das Theaterspiel ist Beat Unternährers Leidenschaft. Er spielt bei der Theatergesellschaft Oberentfelden oder beim Freilichttheater Aarau und taucht hier und dort bei besonderen Anlässen als Akteur auf – sei es, dass spielerisch der Helvetik gedacht oder der *Prix Courage* des *Beobachters* verliehen wird. Und wenn der ex-UBS-Direktor und SVP-Grossrat nicht Theater spielt oder als Präsident des Schweizerischen Turnverbandes amtet («Ein Ehrenamt, das etwa 60 Prozent meiner Zeit beansprucht.»), betätigt sich Beat Unternährer als «Unternehmensberater». Er sagts, zögert und präzisiert: «Aber nicht im Sinne von Hayek oder McKinsey. Ich bin Regisseur, Moderator und Spieler in einem so genannten Unternehmenstheater.» Und das ist? «Wir arbeiten gezielt mit Teams einer Firma zusammen und bieten über Feedbacktheater verhaltensorientierte Beratung an.»

Da hat einer sein Hobby zum Beruf gemacht. Das allerdings war nicht immer so, obwohl das Theater bei Beat Unternährer früh schon ins Leben trat. Er erinnert sich an die Zeit an der Kantonsschule in Solothurn, wo er unter den Fittichen des Lokaldichters Josef Reinhard Theater spielte und Rollen übte, erinnert sich an seinen ersten Wohnort in Lyss, wo er mit 20 Jahren eine eigene Theatertruppe gründete mit dem erklärten Ziel «moderne Sachen zu inszenieren». Später liebäugelte Beat Unternährer gar damit, sich als Schauspieler ausbilden zu lassen. Er tats nicht. «Ich wollte etwas Seriöses lernen.» Sonores Lachen füllt den Raum. Also studierte er Ökonomie, wurde Handelslehrer, bildete später Schweizer UBS-Manager aus, schuftete 16 Stunden am Tag – ans Theaterspielen war nicht mehr zu denken, 25 Jahre lang. Erst zu seinem 50. Geburtstag und für die 700-Jahr-Feier der Eidgenossenschaft hat er sich wieder eine Rolle geschenkt, den Minister Philipp Albert Stapfer. Seither lassen weder sein Job noch der Schweizerische Turnverband die wieder geweckte Leidenschaft zum Theater verscheuchen.

Beat Unternährer ist ein SVP-Politiker, der von der früheren BGB herkommt. Seine Wurzeln liegen somit im Bauernstand. Hört man das, formt sich unweigerlich ein Bild, und man muss es, was Kultur und Kunst betrifft, gleich korrigieren. Beat Unternährers Kulturverständnis ist breit. Er liebt das Theater mit seinen Klassikern und neuen Stücken; er ist ein Opernfan, der auch mit Neuntönern etwas anfangen kann und sogar schon in einem Rockchor mitgesungen hat. Er macht beim Laientheater mit und will dennoch nicht, dass die Laienkultur staatlich unterstützt wird. «Sie muss sich selber tragen», meint er. «Kann sie es nicht, ist der Wurm drin.» Geld brauche hingegen die professionelle Kultur, sie müsse «Experimente wagen, damit sie sich weiterentwickeln kann», sagt Beat Unternährer, der Abonnent des Theaters Basel und des Theaters in Solothurn ist, immer wieder am Zürcher Opernhaus anzutreffen ist und verrät, mit 55 Jahren am Rose Bruford College der Universität von Manchester in England ein Fernstudium begonnen zu haben. Welches Fach? «Opera studies.» Mit Abschluss? «Ja, im Jahr 2001 und mit einer Arbeit über Wagners ‹Ring der Nibelungen›.» Wie lautet der akademische Titel? «MA of opera», sagt Beat Unternährer und lacht sein sonores Lachen.

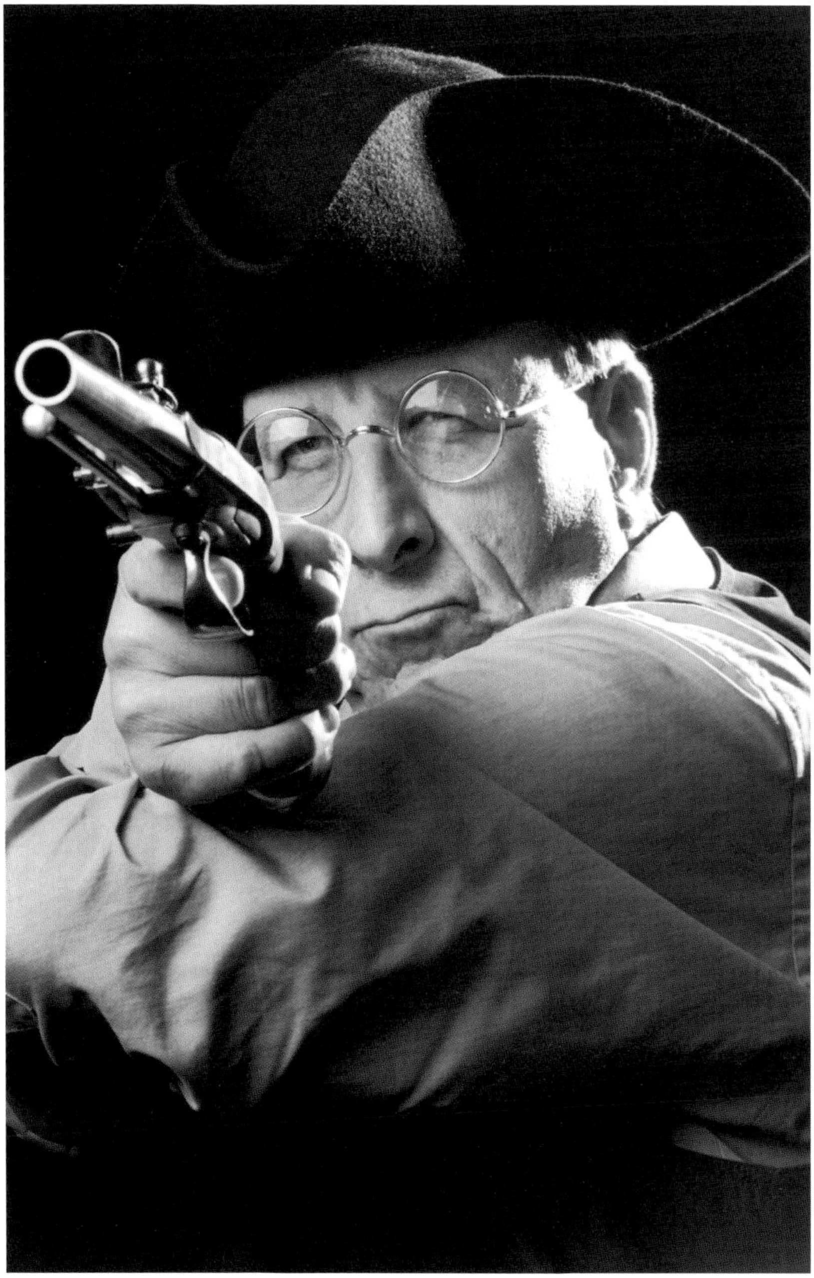

PHILIPP WEISS

geboren 1967 in Klingnau, war Gitarrist der Band *Exodus*, Konzertveranstalter in Klingnau und in Zurzach und betreibt seit 1992 *fricks monti* als Kino und Konzertraum.

Bauchsache

In den 80er-Jahren tourte eine Rockband mit Namen *Exodus* durch die Hallen des unteren Aaretals. Eine Regionalband feierte erste Erfolge. Gitarrist damals war ein gewisser «Flöntsch». Ein Blondschopf mit John-Lennon-Brille und einem gewinnenden Lächeln. Die Gitarre hat Philipp Weiss inzwischen in die Ecke gestellt, nur manchmal spielt er noch heimlich ein paar Akkorde. «Flöntsch», so nennen in die Klingnauer noch heute, erinnert sich: «Da war die Halle proppenvoll, und am Schluss kam der Veranstalter und drückte mir 200 Franken in die Hand. Da entschied ich bald einmal: ‹Das machen wir selber!›» Philipp Weiss veranstaltete erste Konzerte unter dem Titel *Rock im Städtli*, später im *Alfa*, dem Klingnauer Jungendtreff, und wagte sich schon bald in Zurzach an sein erstes Openair.

«Kulturmacher» nennt er sich heute. Musik ist das eine, das andere ist die Welt des Kinos. Den gelernten Beruf des Maschinenmechanikers übte Philipp Weiss genau zweieinhalb Tage aus, danach fand er den Weg zu einem anderen Brötchengeber, einem Filmverleiher. Das Kino in seinem Heimatstädtchen aber war nicht zu finanzieren. So stand Philipp Weiss eines Tages vor dem *Monti* in Frick, einem heruntergekommenen Kinosaal, der seit zwei Jahren nicht mehr betrieben wurde. Kurzerhand mietete Weiss 1992 das Kino und empfing zur Wiedereröffnung sieben Zuschauer. «Damals kannte ich in Frick niemanden», erinnert er sich an die harten Zeiten des Anfangs und ergänzt im selben Atemzug: «Aber ich hatte nie Zweifel am Erfolg.»

Zusammen mit Lebenspartnerin Martina Welti brachte er das Monti – *fricks monti* – wieder in Schuss. 1995 kaufte Philipp Weiss die Liegenschaft, und seit Weihnachten 2001 erstrahlt das Gebäude nach einem aufwändigen Umbau in neuem Glanz.

Das Kinoprogramm hat sich in den letzten zehn Jahren genauso etabliert wie das alljährliche Fricktaler Blues Festival. Das Konzept des 1967 geborenen Kulturmachers ist so einfach wie einzigartig: «Bauchsache». Die Ausbildung zum Kulturmanager holte er erst kürzlich nach. Philipp Weiss verliess sich schon immer auf seine Intuition, engagierte Patent Ochsner zu einem Zeitpunkt, als die Gagen noch zahlbar waren. Zu den Highlights zählt er auch das Konzert von Stephan Eicher. Das Zurückschauen allerdings ist nicht seine dringlichste Sache: «Man darf mit dem Träumen nicht aufhören.» Wer weiss, vielleicht kann Philipp Weiss bald schon ein Konzert von Tom Waits ankündigen.

Mit der «Bauchsache» hat es aber noch eine andere Bewandtnis. In *fricks monti* werden nicht nur Filme gezeigt oder Konzerte angeboten, zur Kultur gehört auch ganz selbstverständlich das Kulinarische. Tatsächlich übersteigt der Aufwand für die Gastronomie jenen für die Kulturveranstaltungen um ein Vielfaches. Da wird schon mal gross aufgetischt. Keine Frage: Die Leute sollen sich bei Philipp Weiss wohlfühlen. Davon zeugt – seit dem Umbau – nicht zuletzt die Champagner-Loge, ein lauschiges (Kino-)Plätzchen für zwei für einen speziellen Anlass, wie man ihn vielleicht nur in *fricks monti* feiern kann.

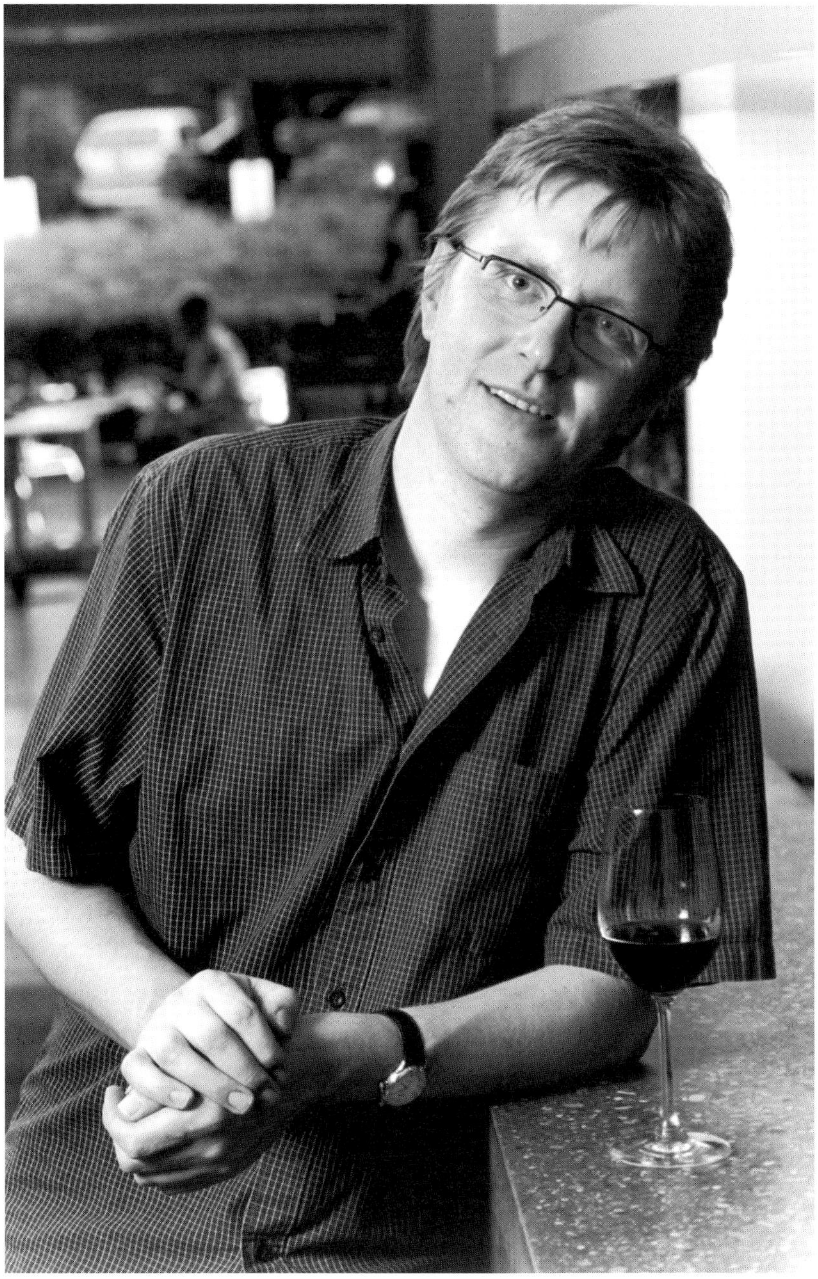

ERIKA BRUGGMANN

geboren in Staufen, lebt in Unterlunkhofen. Zusammen mit ihrem Mann – dem Sänger Paul Bruggmann – hat sie zwischen 1964 und 1990 die Aargauer Oper geleitet, die mit grossem Erfolg das Musiktheater im und über den Kanton hinaus gepflegt hat.

Der Traum vom eigenen Theater

Sie wirbelt durch das Foyer. Hier ein Händedruck. Da ein lachender Gruss. Eine kurze Anweisung an der Abendkasse. Und schon verschwindet sie Richtung Bühneneingang, um wenig später mit einem Stapel Programmhefte zurückzukehren, die sie dem Schüler am Saaleingang aushändigt. Ein paar Minuten später wird sie dem Kapellmeister das Zeichen zum Auftritt geben und nach den letzten Takten der Ouvertüre den Vorhang hochziehen. Präzis und mit Gefühl. Erika Bruggmann war Disponentin, Agentin, Dramaturgin, Buchhalterin, Abendspielleiterin, Souffleuse, Garderobière, Chauffeuse, Requisiteurin und was der Berufe im Theater mehr sind. Nur auf der Bühne stand sie nie. Ihrem Gatten Paul überliess sie die Regie und den Gesang. Und den Applaus des Publikums. Sie war die Seele der Aargauer Oper.

Ein Dutzend Jahre sind vergangen, seit der letzte Vorhang fiel. Der sprühende Charme, die Kontaktfreude sind geblieben. 26 Spielzeiten mit bis zu 30 Aufführungen und drei Deutschlandtourneen bildeten die Erfolgsbilanz, als die Bruggmanns 1990 die Ära der Aargauer Oper definitiv beendeten. Sie liessen ein dankbares Stammpublikum und eine Reihe fester Tourneeorte zurück. «Alles hat seine Zeit.» Erika Bruggmann schätzt die Situation realistisch ein. «Die Publikumsgewohnheiten hatten sich seit den 60er-Jahren stark verändert. Um heute etwas Vergleichbares auf die Beine zu stellen, braucht es ganz andere finanzielle Mittel und eine andere Organisation.» Allein die Summe, die heute für Marketing und PR aufgewendet werden müsste, würde das Gesamtbudget der ersten Produktion weit übersteigen. Als die Bruggmanns 1964 die erste Eigenproduktion wagten, hatten sie als Fremdfinanzierung einzig einen Beitrag der Migros Aargau/Solothurn auf sicher: «En Tuusiger of d Hand!» Doch in der Person Arthur Schmids fand sich im Regierungsrat bald ein umsichtiger Förderer, der den kulturellen und musikpädagogischen Wert dieses Unternehmens erkannte und nach Kräften unterstützte.

«Nur zu zweit konnte es funktionieren», fasst Erika Bruggmann das kleine Theaterwunder aus dem Aargau zusammen. «Gab es mal einen Tiefschlag, konnte man sich gegenseitig wieder aufbauen.» Bestanden Meinungsverschiedenheiten, wurden sie auf langen Spaziergängen gelöst. Erika lässt sich im kleinen, wild umrankten Gartenhaus von Paul einen Apéro servieren. Er scheint sich zu freuen, dass diesmal sie im Mittelpunkt steht. Kennen gelernt hatten sich die beiden bei einer Konzertprobe in einem Fricktaler Dorf. Erika Härdi aus Staufen, eben einem schweren Unfall entronnen und noch immer in einen Gips gezwängt, sang im Chor, während der junge Bass aus Baden einem seiner ersten Soloauftritte entgegenfieberte. Dass er Erika wegen des geschienten Beines nicht per Motorrad nach Hause fahren konnte, hinderte ihn nicht daran, der jungen Gesamtschullehrerin über den einmaligen Konzertauftritt hinaus und über den Jura hinweg – Bruggmann war Ensemblemitglied am Städtebundtheater – verbunden zu bleiben. Als dann 1963 die Pro Argovia eine kleine Opernproduktion in Auftrag gab, wurden die beiden auch beruflich zu Weggefährten. *Bastien und Bastienne* verzeichnete einen durchschlagenden Erfolg, die Idee zur Aargauer Oper war geboren. Paul und Erika Bruggmann gründeten ihr eigenes Tourneetheater. Und allen Unkenrufen zum Trotz: «Es funktionierte, wir konnten sogar davon leben.» In Unterlunkhofen, wo sie als erste Auswärtige günstig Land erwarben, bauten sie ein Wohnhaus, besser gesagt: Probebühne und Theaterwerkstatt mit Wohngelegenheit. Alles sollte sich in den kommenden 26 Jahren um ihre Oper drehen. Privatleben, Theatermanagement, Proben- und Aufführungsalltag gingen nahtlos ineinander über. Die Oper war das Leben. Das Leben war die Oper. Und beides genossen die zwei in vollen Zügen. «Ich habe gelernt, mit jenen Karten zu spielen, die mir in die Hand gegeben sind», blickt Erika Bruggmann zurück. Und es blitzt in ihren Augen.

HANS ULRICH GLARNER

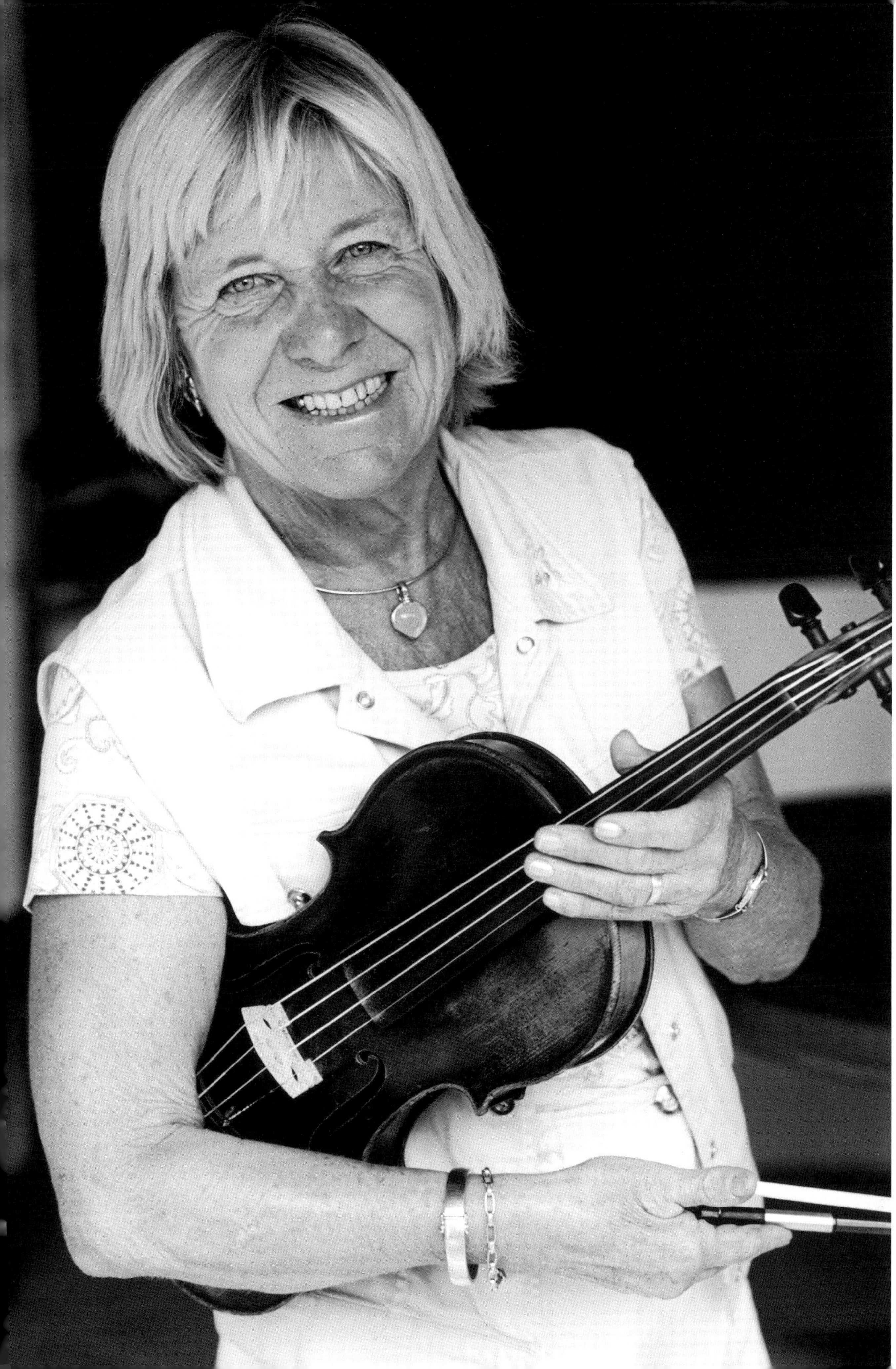

THERES UND ROLAND EICHENBERGER-WALDE

sind zusammen gut 130 Jahre alt. Theres Eichenberger ist Hausfrau, Mitglied der Volkstanzgruppe Untersiggenthal und Leiterin der Ländlerkapelle *Iflue-Musig Untersiggenthal*. Roland Eichenberger ist Elektroingenieur im Ruhestand, Mitglied der Ortsmuseums-Kommission, begeisterter Zeichner und aktiv in der *Iflue-Musig*.

Es ist nie zu spät, etwas Neues zu lernen

«Fang du a», sagt Roland Eichenberger zu seiner Frau. Und Theres erzählt. Wie sie als Kind bei Paula Siebenmann, der Tante des Badener Kinomanns Peter Sterk, Blockflöten- und Klavierunterricht genommen hat, von den Gesangsstunden bei Margrit Conrad-Amberg. Von der Notariatslehre, von ihren Kanzleistellen bei der kantonalen Baudirektion, den Gemeinden Neuenhof und Ennetbaden und wie sie dann kurz nach dem Stellenwechsel zu den NOK in Baden dem Roland, ihrem zukünftigen Mann, begegnet ist. Sie erzählt von der Heirat, vom Umzug nach Untersiggenthal im Jahr 1969 und der musikalischen Weiterbildung mit Querflöte und Piccolo. Als Trachtenfrau wurde Theres 1985 mit der Trachten- und Volkstanzgruppe Untersiggenthal an die Waldshuter Chilbi eingeladen. Da stellte Theres fest, dass zu Musik ab Band getanzt wurde. «Das darf nicht sein, da muss eine Live-Musik her», sagte sie sich. Bald war eine Ländlerformation beisammen. Noch fehlte das Schwyzerörgeli, und statt weiterhin bei der *Scola Cantorum Wettingensis* Sopran zu singen, brachte sie sich das Örgelispielen bei. Im Oktober 1986 gründete sie die Ländlerkapelle *Iflue-Musig* und begann, Volksmusik zu interpretieren, arrangieren und zu komponieren. Inzwischen ist sie auch eine gewiefte Alphorn- und Büchelbläserin. Den Namen *Iflue-Musig* hat Gatte Roland gefunden; abgeleitet ist er von der Iflue in Untersiggenthal, einem Felsband hoch über der Aare. Roland war anfänglich vorwiegend als Chauffeur, Portier und Sponsor im Einsatz. Wenn die Bassgeigerin, Tochter Beatrix, zu andern Instrumenten griff, fehlte der Gruppe der Bass. «Es ist nie zu spät, etwas Neues zu lernen», sagte sich deshalb Roland, der Elektroingenieur, kurz vor dem Ruhestand und widmet sich seither dem stattlichen Kontrabass. Doch was heisst da Ruhestand! Die fünfköpfige *Iflue-Musig* ist über die Kantonsgrenzen hinaus zu einer gefragten Ländlerkapelle geworden, und der Fanclub schätzt es, dass jetzt mit einer neuen CD-Produktion ein Zeitdokument vorliegt. «Das Musizieren mit der Kapelle ist unsere liebste Freizeitbeschäftigung», sagt Theres Eichenberger und übergibt das Wort Roland.

Als Elektroingenieur in leitender Stellung bei den NOK – Kraftwerkbau und später Elektrowirtschaft – wird 1972 Roland Eichenberger als parteiloser Neuling in den Vorstand der EGUS (Elektrizitätsgenossenschaft Untersiggenthal) gewählt. «Da lernte ich, wie das Dorf funktioniert, entdeckte seine Schönheiten.» Er begann zu zeichnen: Häuser und Hinterhöfe. Stundenlang sitzt er wetterresistent auf seinem Klappstuhl im Freien, beobachtet und bringt mit dem Kohlestift seine Objekte akribisch genau aufs Papier. Eine Vielzahl von Häusern des Dorfes hat er inzwischen gezeichnet – und damit ein Stück Dorfgeschichte bewahrt. Besonders am Herzen liegt ihm das 1980 eröffnete Ortsmuseum. Da ist er seit 1994 dabei, zuständig für die Öffentlichkeitsarbeit, und betätigt sich unermüdlich und ideenreich als Ausstellungsmacher. «Ein Ortsmuseum muss leben. Sonst kommen die Leute nicht.» Im eingespielten Team entwirft er Ausstellungskonzepte, beschafft Utensilien als Leihgaben und recherchiert Hintergründiges. Für die aktuelle Ausstellung *Kameras und Fotos* hat er alte Siggenthaler Fotos aufgestöbert, Holzkameras aus der Jahrhundertwende aufgetrieben; Bilder von der Landi 1939 sind zu sehen nebst Luftaufnahmen des legendären Badener Fliegers Hans Suter.

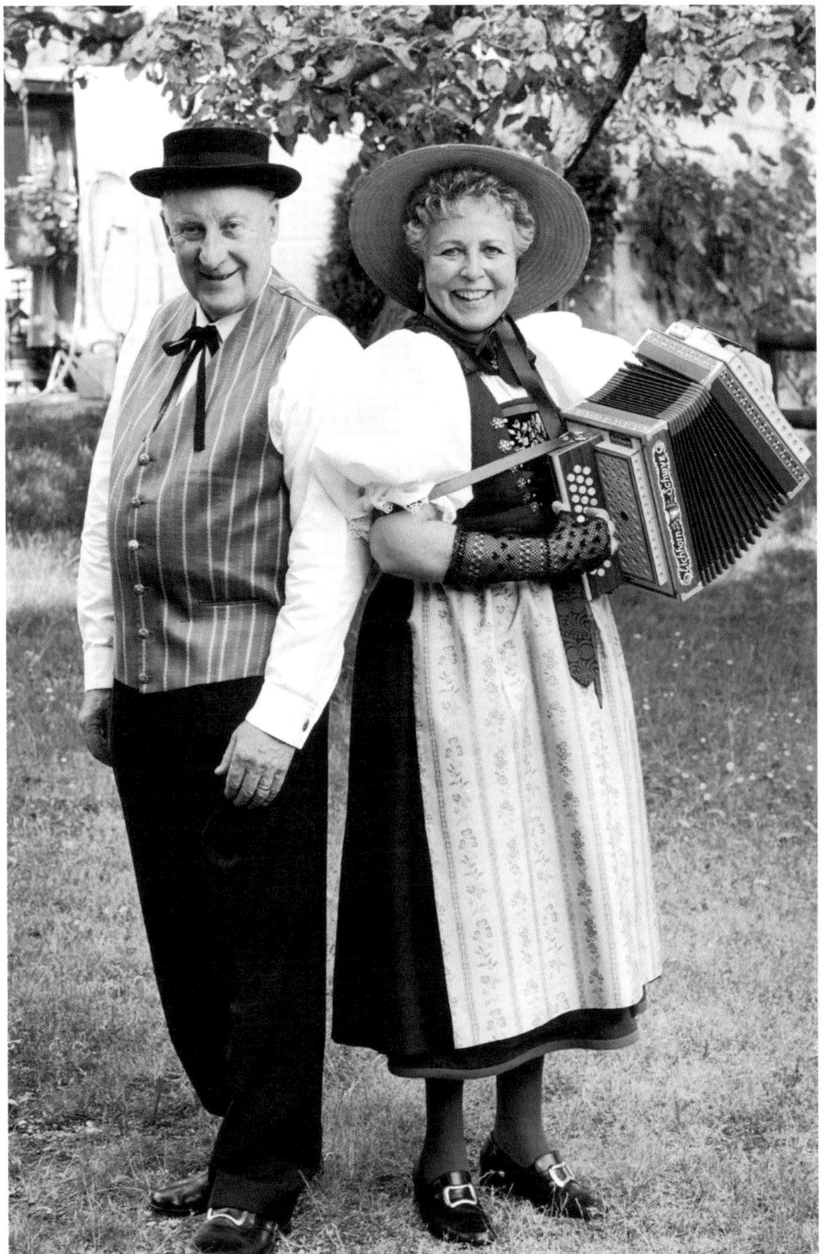

GEORG BAYER

wird 1928 in Lechnitz / Rumänien geboren und flieht 1944 nach Deutschland. Er lässt sich zum Landwirt ausbilden und kommt 1950 für ein Praktikum nach Schinznach Dorf, wo er hängen bleibt, sich verheiratet und sich seit 40 Jahren im Kulturleben der Gemeinde und der Region betätigt.

Ich wollte nicht nur hier wohnen, sondern auch hier leben

Die Lebensgeschichte von Georg Bayer hat zwei grosse Kapitel. Das erste erzählt von seiner Kindheit und Jugend in Siebenbürgen, in Rumänien, in einer deutschstämmigen Gemeinschaft, die neben Rumänen, Ungarn, Zigeunern, Juden und Armeniern ihren Alltag bewältigte. Prägend waren der Einfluss der evangelischen Kirche und die Ansprüche des ländlichen Jahreslaufs.

Mitten im Krieg, im September 1944, machte sich diese deutschstämmige dörfliche Volksgruppe in einer wohlvorbereiteten Flucht mit Ross und Wagen auf den Weg nach Westen. Die Familie Bayer landete schliesslich in Mittelfranken, wo Georg während dreier Jahre eine Ackerbauschule besuchen konnte. Das notwendige Praktikum wollte er im Ausland absolvieren, und so kam er in die Schweiz, nach Schinznach Dorf. Die Liebe zu einer jungen Schinznacherin war der Grund, weshalb sich Bayer schliesslich ganz hier niederliess.

Das zweite Kapitel seines Lebens spielt im Schenkenbergertal. Am Dorfrand von Schinznach konnte er eine Liegenschaft erwerben, und die Arbeit als Winzer verschaffte ihm berufliche Erfüllung. «Aber ich wollte nicht nur hier wohnen, ich wollte auch hier leben, mich ganz integrieren, am Dorfleben teilnehmen.» So stellte er seit den späten 50er-Jahren sein Können und seine Kräfte in den Dienst dieses Dorflebens. Dabei beschränkte er sich nie auf einen einzigen Verein oder eine einzelne Gruppierung, sondern er wirkte in einem ganzen Fächer kulturell ausgerichteter Bestrebungen mit: Bayer gehört dem Stiftungsrat des Schinznacher Dorfmuseums an und übernimmt in dieser Funktion Führungen und Aufsichtsdienste. Zusätzlich sorgt er als handwerklich begabter Mann für den Unterhalt der zahlreichen Gerätschaften. Als Präsident der Reb- und Weinfreunde Schinznach organisiert er zahlreiche Anlässe, darunter Rebumgänge, Degustationen und weiterbildende Ausflüge. Er ist es auch, der den Schinznacher Reblehrpfad initiiert hat und dort immer wieder bei Führungen sein Wissen weiter vermittelt. Als Mitglied des Fördervereins Schenkenbergertal trägt er die verschiedensten Aktionen mit und ist insbesondere als Ansprechperson für Besichtigungen der Schinznacher Mühle gefragt. Mitgliedschaft und Mithilfe in der kulturellen Vereinigung *Grund* sind schon beinahe eine Selbstverständlichkeit; ausserdem macht er in der Trachtengruppe und bereits seit 1959 im Männerchor mit. Schliesslich hat er als sensibler Kunsthandwerker an seiner Drehbank und mit den Schnitzmessern unzählige Holzgegenstände bearbeitet und damit private und öffentliche Räume verschönert.

Längst ist Bayer Schinznacher Ortsbürger geworden. Er ist im Dorf eine hoch geschätzte Persönlichkeit. Und aus seinen quicklebendigen, lustigen Augen blitzt die mitreissende Unternehmungslust eines jung gebliebenen Mannes.

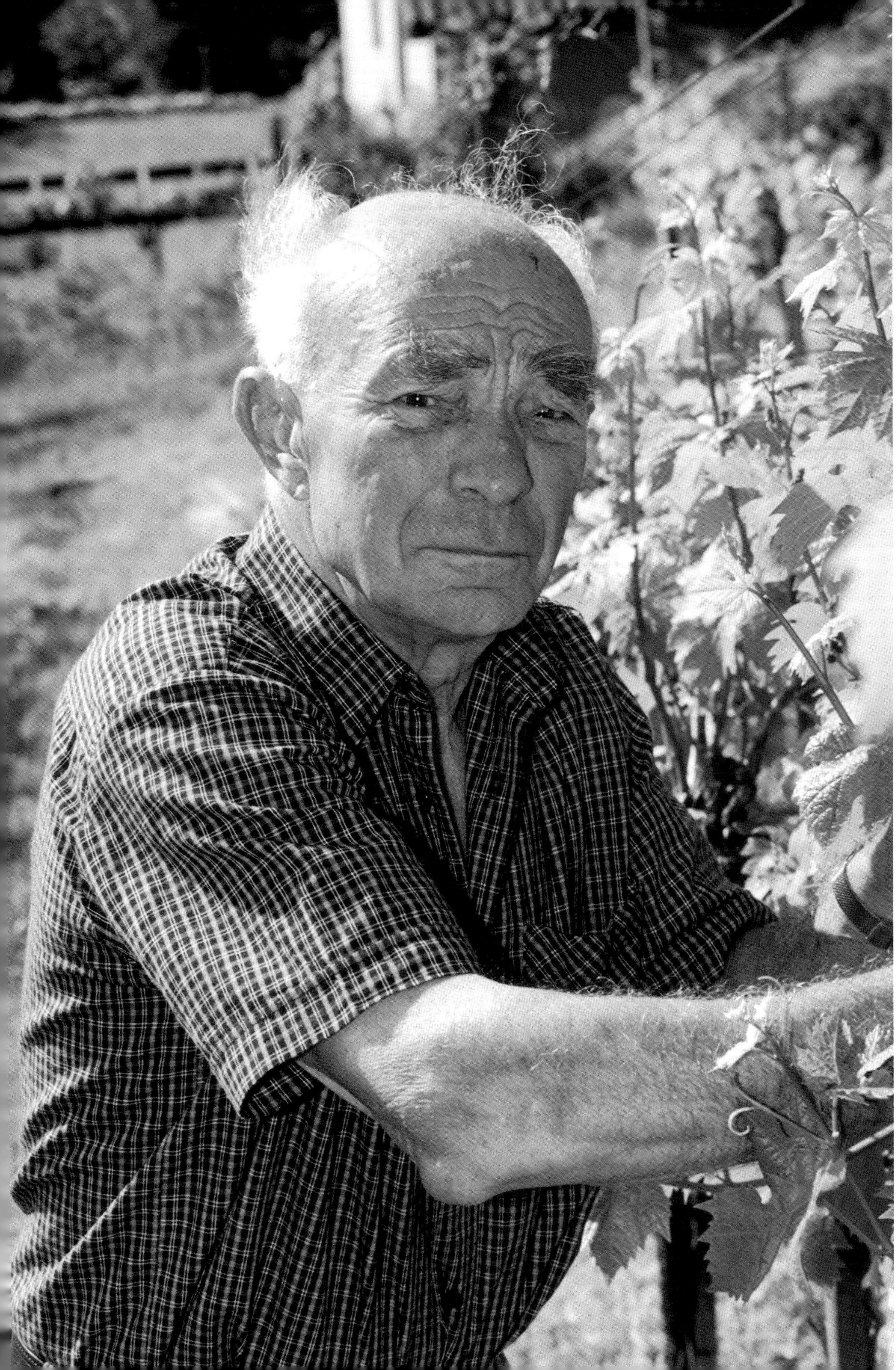

CLAUDIA KREIENBÜHL

ist 1964 geboren und in Kallern aufgewachsen. Sie ist von Beruf Primarlehrerin, Leiterin des Jugendchors in Abtwil und ist selbst aktiv im Kirchenchor, in der Musikgesellschaft und im Chor *Rondo Cantando*.

Wie der Vater, so die Tochter

Was schenkt eine Tochter ihrem Vater? Sie habe sich gesagt, erzählt Claudia Kreienbühl, am besten sei es, weiterzumachen, was der Vater begonnen habe. Und so ist sie heute Jugendchorleiterin, genau wie ihr Vater. Ihre Eltern hätten sich sehr für Kunst, für Musik, Malerei oder Literatur interessiert, «das hat mich geprägt». Schon zur Geburt erhielt sie, wie ihre Geschwister auch, ein Bild. Zu dem sich in der Zwischenzeit, wie die Wände ihres Eigenheims belegen, unzählige weitere gesellt haben. Claudia Kreienbühl zeigt sie lachend, erklärt da und dort etwas. Gleichzeitig empfängt sie gutgelaunt ihre Söhne und die Tochter, die aus der Schule kommen, begrüsst Nachbarskinder.

Vielleicht, denkt die Besucherin, vielleicht hat Claudia Kreienbühl auch ihre Energie ihren Eltern zu verdanken. Immerhin sind beide auch sehr engagiert, die Mutter als Grossrätin, der Vater als Chorleiter, Musiker und Kabarettist. Claudia Kreienbühls Tag jedenfalls scheint mehr als 24 Stunden zu zählen, so viele Aktivitäten bringt sie unter einen Hut. Fünf Kinder hat sie geboren, dazu noch eine Pflegetochter grossgezogen. Ohne ihren Beruf aufzugeben. Heute unterrichtet die Primarlehrerin zwei Tage pro Woche im Schulheim Ringlikon. Es sei eine spannende Herausforderung, Kindern, die aus einem schwierigen familiären Umfeld kommen, eine Chance zu geben, sagt sie.

Wobei Claudia Kreienbühl schon immer auch ehrenamtlich tätig ist, etwa im Verein *Dorfläbe*, einer Art Kulturkommission, für den sie Ausstellungen organisiert sowie auch eine Ortsschrift herausgegeben hat. Und natürlich ist da noch die Musik. Als Kind lernte sie Geige spielen, 1989 übernahm sie an ihrem Wohnort den Jugendchor. Etwa 30 Kinder sind es, die einmal wöchentlich zu ihr kommen. Und mit denen sie immer wieder Aufführungen organisiert: Weihnachts-Singspiele, Konzerte, sogar ein Musical. Mittlerweile gibt es von ihrem Jugendchor auch eine eigene CD. Ein «einmaliges Erlebnis» sei im Jahr 2000 der Besuch des Jugendchors am Eidgenössischen Gesangfest in Sion gewesen, «das ganze Dorf Abtwil nahm daran teil». Dieses Jahr trat sie mit dem Chor am Aargauertag an der Expo.02 auf. «Ich hoffe, dass diese Erlebnisse, nicht nur der Auftritt, sondern auch das ganze Drumherum, den Kindern in Erinnerung bleiben, dass sie etwas mitnehmen für ihr weiteres Leben.» Wobei sie nicht verhehlt, dass, wer sich immer wieder einsetzt, sich engagiert, halt bei einigen Leuten auch aneckt.

Entspannung findet Claudia Kreienbühl – in der Musik. Und zwar als Mitglied des Kirchenchors, der Musikgesellschaft und des *Rondo Cantando*, der zu den besten Chören der Schweiz zählt. Mit ihm unternimmt sie Konzertreisen, vom letztjährigen Programm machte sogar das Radio Aufnahmen. «Deswegen wurden wir ebenfalls an die Expo.02 eingeladen, wo wir singen durften.» Einen Traum hat sie, den sie mal verwirklichen möchte: «Ein Konzert mit ehemaligen und noch aktiven Jugendchor-Kindern.» Sie wird wohl auch das zustande bringen.

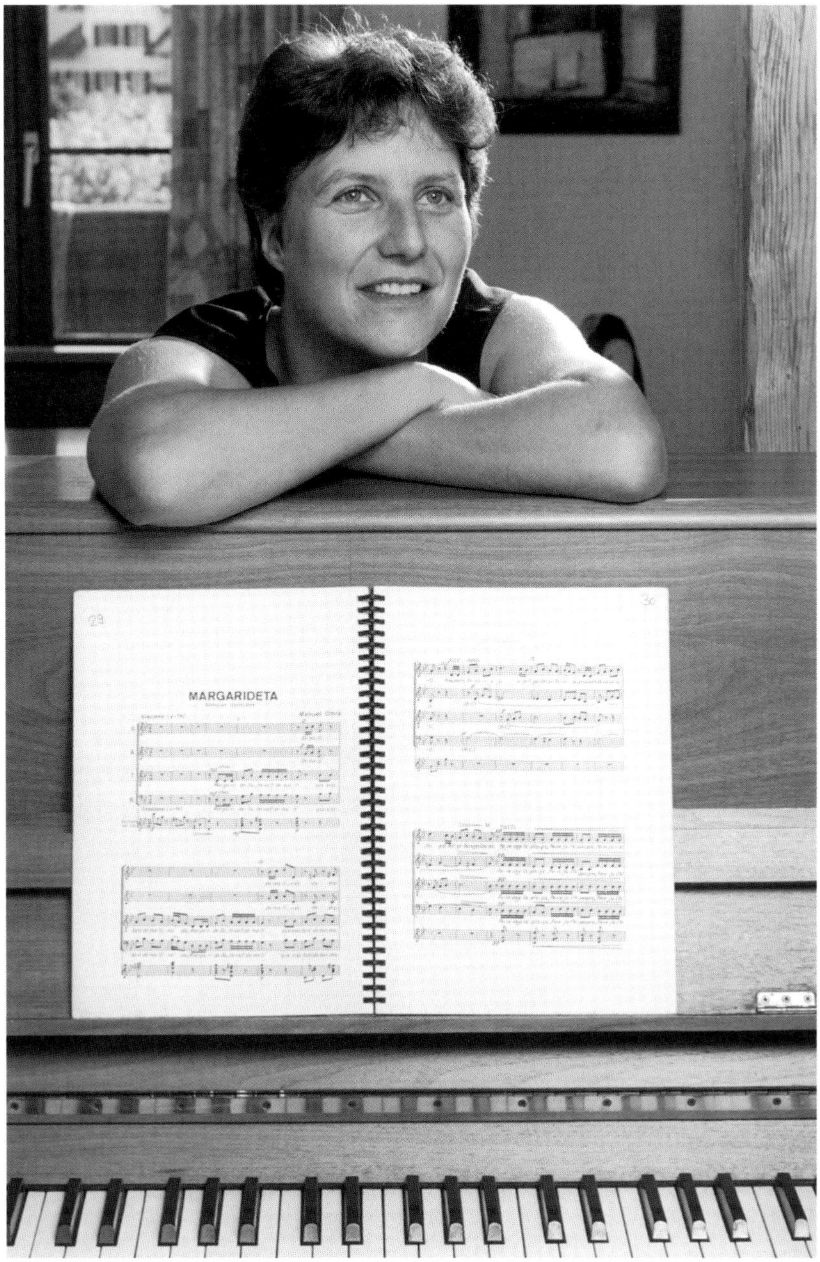
MARGARIDETA

HEINZ «GÖZI» MAHLER

ist 1952 in Rothrist geboren und wohnt in Küngoldingen. Von Beruf Mechaniker, führte er früher eine kleine Autowerkstatt. Er war unter anderem Initiant des Flohmarkts und der Brocante in der Mehrzweckhalle Zofingen, betreibt eine Brockenstube und verfertigt Metallskulpturen.

Esch doch no schöön

Nein, Gustav heisse er nicht. Wirklich nicht. Eigentlich heisse er Heinz, aber das wisse schon längst keiner mehr. Seit dem Kindergarten bin ich der Gözi, sagt Heinz Mahler. Warum, weiss er nicht und auch sonst keiner mehr. Gözi – mit einem langen «ö». Und auch die Mutter habe sich langsam damit abgefunden.

Da muss etwas schief gelaufen sein, denn auf der offiziellen Liste steht ganz sicher Gustav. Vielleicht haben die gleichen Anfangsbuchstaben jemandem einen Streich gespielt. Oder der Namensvetter-Wunsch war Vater des Gedankens. Einer, der gleich heisst wie ein k.u.k.-Musiker (Gustav Mahler 1860–1911). Einerlei, Gözi hat solche nicht besonders originellen Spässe gar nicht nötig. Er ist Original genug. «Ich bin vielleicht einer der Wenigen, die von zwei Orten das Dorforiginal sind.» In der Küngoldingen, wie es offiziell heisst, kennen ihn wahrscheinlich alle. Und im Städtchen Zofingen ist er nicht nur seines auffälligen Schnauzes wegen «ein bunter Hund». Kürzlich, zu seinem 50sten, spannten die Kollegen vor seinem Stammcafé ein Transparent über die Strasse: 50 Jahre Gözi. Da habe die Polizei schon ein paar Augen zudrücken müssen, sagen die Kollegen. Aber sie tat es.

Gözi ist das, was man einen Sammler nennt. Wobei die Bezeichnung nicht ganz zutreffend ist: Die Sachen, Dinge, Gegenstände kommen zu ihm. Gözi hat Mechaniker gelernt und hatte eine kleine Autowerkstatt. Und da sei halt einmal einer gekommen mit irgendetwas, ob er das brauchen könne. Direkt gebraucht habe er es zwar nicht, aber er solle es halt mal da lassen. Dann kam ein anderer und hatte Freude daran. Und weil nicht gleich alles wieder gekauft worden ist, hat Gözi jetzt im ehemaligen Heustock des Hauses in Küngoldingen, wo er seit 24 Jahren werkt und geschäftet, eine richtige Brockenstube.

Es blieb nicht dabei. Gözi war der Initiant des Zofinger Flohmarktes und organisiert die Brocante in der Zofinger Mehrzweckhalle. Eine riesige Sache sei das mittlerweile geworden. Gözi macht auch Hausräumungen. Aber anders. «Es tut mir weh, wenn ich mit ansehen muss, wie die vom *Hiob* kommen, das Gesicht verziehen und sagen: ‹Das, das und das da. Für 2000 Franken entsorgen wir den Rest.› Den alten Leuten bricht das doch das Herz.» Das Rätsel löst sich, wenn man nach Zofingen zurück fährt. *Hiob, Hausräumungen,* das Schild ist unübersehbar.

Gözi ist wahrscheinlich einer der Wenigen, die das Geheimnis der Lebenskunst erkannt haben: Wie man unverkennbar Individualist und trotzdem Teil der Gemeinschaft sein kann. «Ich bin für alles ‹z bruuche›.» Maroni braten auf dem Heitere, Crêpes machen oder den weissen Glühwein, was es sonst nicht gibt, ausschenken. Kein Wunder, dass man da mit der Zeit jeden kennt. «Esch doch no schöön», sagt Gözi.

Gözi ist aber auch sonst Künstler. Aus altem Besteck schweisst er allerlei Tiere zusammen. Oder schmiedet kurzerhand ein tolles Gartentörli. Geschickte Hände, die hat er bestimmt. Aber auch Charakter. Beim Reden lässt Gözi oft die Sätze in der Luft hängen und macht sie nicht fertig. Dann schaut er einen an, man müsste doch wissen, was er meint, und den Satz selber fertig machen. Manchmal sei er halt ein «fasch z'ehrliche Siech. Vertrauen brauchts für diese Art Geschäft», sagt Gözi, «ja, das Vertrauen…»

Ja, es wäre doch sicher weniger schön, wenn es solche wie Gözi nicht geben würde.

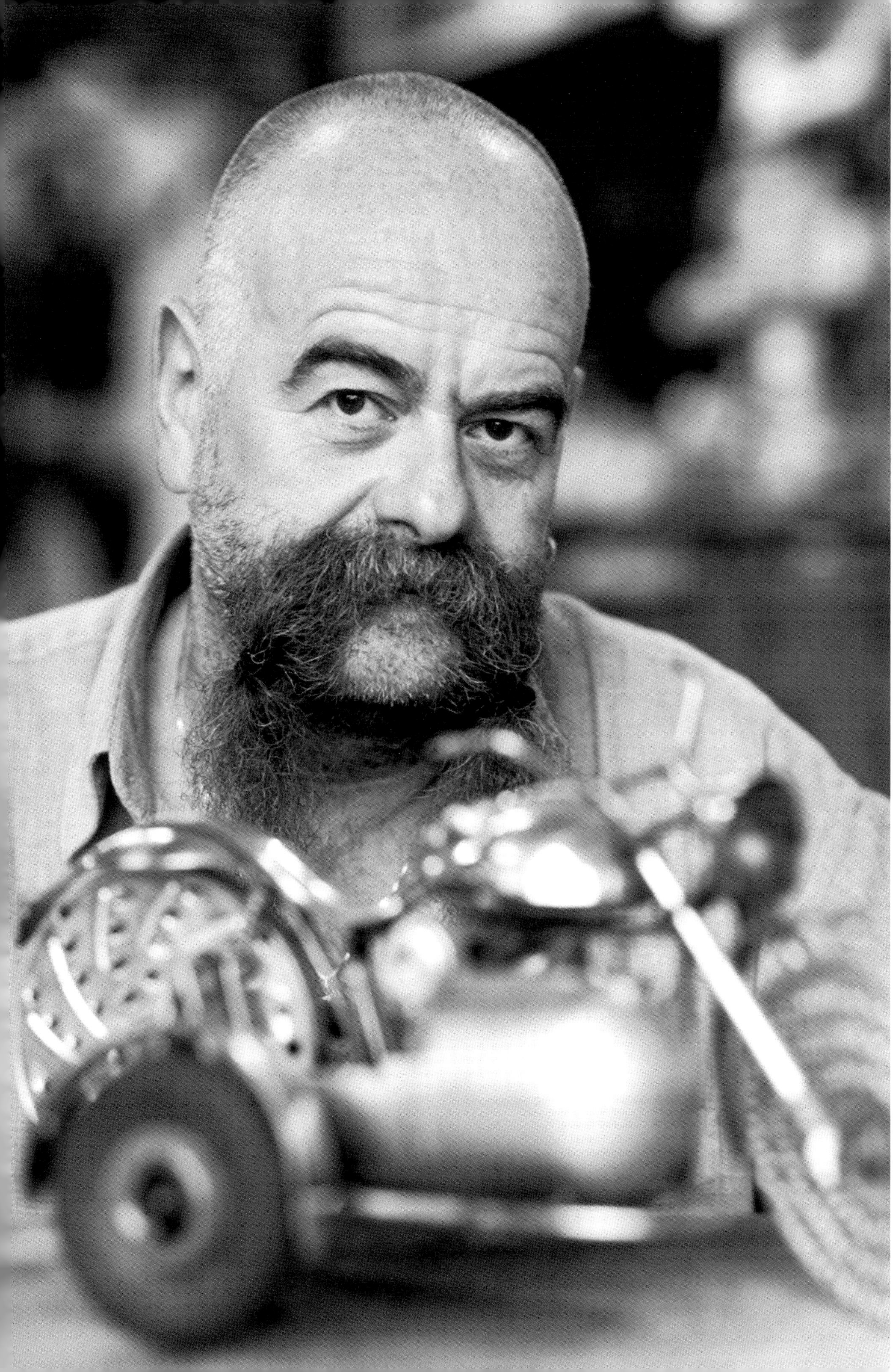

URSINA MATHIS-CASPARIS

1942 in Zürich geboren, lebt in Baden. Sie ist von Beruf Dekorateurin und macht heute Event-Organisationen inklusive Gestaltung, Musik (Perkussion, Xylophon), Kabarett an der Fasnacht und hat manches Fest als Requisiteurin und Gestalterin mitgeprägt.

Die rote Zora

Da steht sie. Wie die halbe Portion einer Berliner Köchin, die aber durchaus im Stande ist, eine 30-köpfige Brigade anzuführen. Kochen und das Zepter schwingen sind denn auch ihre grosse Passion. Vor oder hinter der Bühne; als Bühnenbildnerin und Requisiteurin für Badenfahrten, als Kunstinstallateurin in der Tunnelgarage am Milleniumsfest, als Geräuschemacherin für die Badener Maske und alle Jahre wieder als musizierende, kabarettistische Fasnächtlerin, die für die verloren gegangene Fasnachtskultur durch Badens Gassen und Beizen zieht. Ihr neuester Streich: Seit Dezember 2001 betreibt Ursina Mathis ein Cateringunternehmen. Gekocht wird im Klublokal der Vereinigten Fasnachtsgruppen Baden, wo das Zubereitete auch gegessen wird. Nicht nur von Närrischen.

Die Idee zum Catering kam ihr letztes Jahr beim Umbauen und Renovieren des Klublokals, bei dem sie den Job des «Poliers» innehatte. «Die Verantwortlichen der Fasnachtsgruppen kennen eben meine Stärken», sagt sie selbstbewusst. Auch Ursina Mathis weiss um ihre Talente: kreieren, drapieren, maskieren und organisieren. Das Organisationstalent habe sie sicher von ihrem Vater geerbt, ist sie überzeugt. Aber woher sie das kreative Tun hat? «Als Kind war ich sehr oft allein, da musste ich lernen, mich mit mir selber zu beschäftigen.»

Bis zu ihrem 20. Geburtstag ist sie 19mal umgezogen. Von Zürich, wo sie geboren wurde, an den Comersee, nach Mailand, später an die Riviera, wieder nach Zürich, wieder nach Italien, von der leiblichen Mutter zu der Stiefmutter und so weiter und so fort. Da der Vater, ein einstmals erfolgreicher Geschäftsmann, damals bereits sein ganzes Geld im Alkohol aufgelöst hatte, musste die 16-Jährige so bald als möglich auf eigenen Beinen stehen. Das hiess Geld verdienen. Ursina Casparis, wie sie damals noch hiess, machte eine Lehre als Dekorateurin und besuchte den einjährigen Vorkurs an der Kunstgewerbeschule in Zürich.

Die Liebe brachte sie 1972 in den Aargau nach Wettingen. Damals war sie 30 und hatte bereits eine gescheiterte Ehe hinter sich. Noch ganz nach Zürich orientiert, sei sie erst zwei Jahre später das erste Mal durch Badens Altstadt geschlendert. «Es war Liebe auf den ersten Blick, seither ist Baden meine Stadt, meine Heimat.» Der erste Indikator für einen Entscheid sei bei ihr immer das Gefühl. Auf dieses Gefühl verliess sich Ursina Mathis, als sie an der Unteren Halde 9 zusammen mit ihrem damaligen Freund schon bald ein Teelädeli eröffnete. Sie verkaufte auch Kunsthandwerk aus aller Welt und initiierte 1976 den Badener Handwerkermarkt. Über ihr Geschäft hat sie viele Leute der Badener Szene kennen gelernt. Diese Leute seien es gewesen, die sie mit dem Fasnachtsvirus infiziert hätten. «Seither bin ich dabei und helfe, wenn ich gebraucht werde.» Und das kommt immer wieder vor. «Aber das sind meistens kleine Sachen.» Nicht wie für die letzte Badenfahrt, als sie eine ganze ABB-Halle mit selbstgemachten und eingemieteten Requisiten für zweieinhalb Stunden Umzug füllte.

So ist die Wahl-Badenerin von der Dekorateurin zur Event-Organisatorin der Bäderstadt geworden, die auch alles selber gestaltet. Aber nicht zuhause in ihrem herausgeputzten Knusperhäuschen, das nur wenig über ihre Buntheit verrät. Oft kämen ihr die besten Ideen aus der Situation heraus. «Ich brauche dazu jedoch den Input der anderen.» Diese anderen haben es nicht immer leicht mit ihr. Doch so impulsiv und nervig sie manchmal sei, so liebenswürdig und hilfsbereit sei sie auch.

Diesen Sommer ist Ursina Mathis 60 Jahre alt geworden. «Und ich muss sagen, die vergangenen zehn Jahre waren meine besten.» Nicht weil sie dank gesunder Ernährung 25 Kilogramm abgenommen habe, «sondern weil mir die Leute viel zutrauten und mir die Gelegenheit gaben, zu beweisen, was ich kann.» Diese Zufriedenheit bringt ihr jugendliches Aussehen zum Ausdruck. Die Frage, was denn das Beste sei, das sie je gemacht habe, beantwortet sie ohne zu überlegen: «Meine Familie!» Ursina Mathis ist seit 24 Jahren mit einem 13 Jahre jüngeren Mann verheiratet, sie haben zwei erwachsene Söhne. Ob nicht der jüngere Mann das Geheimnis für ihre Frische sei? «Wer weiss?»

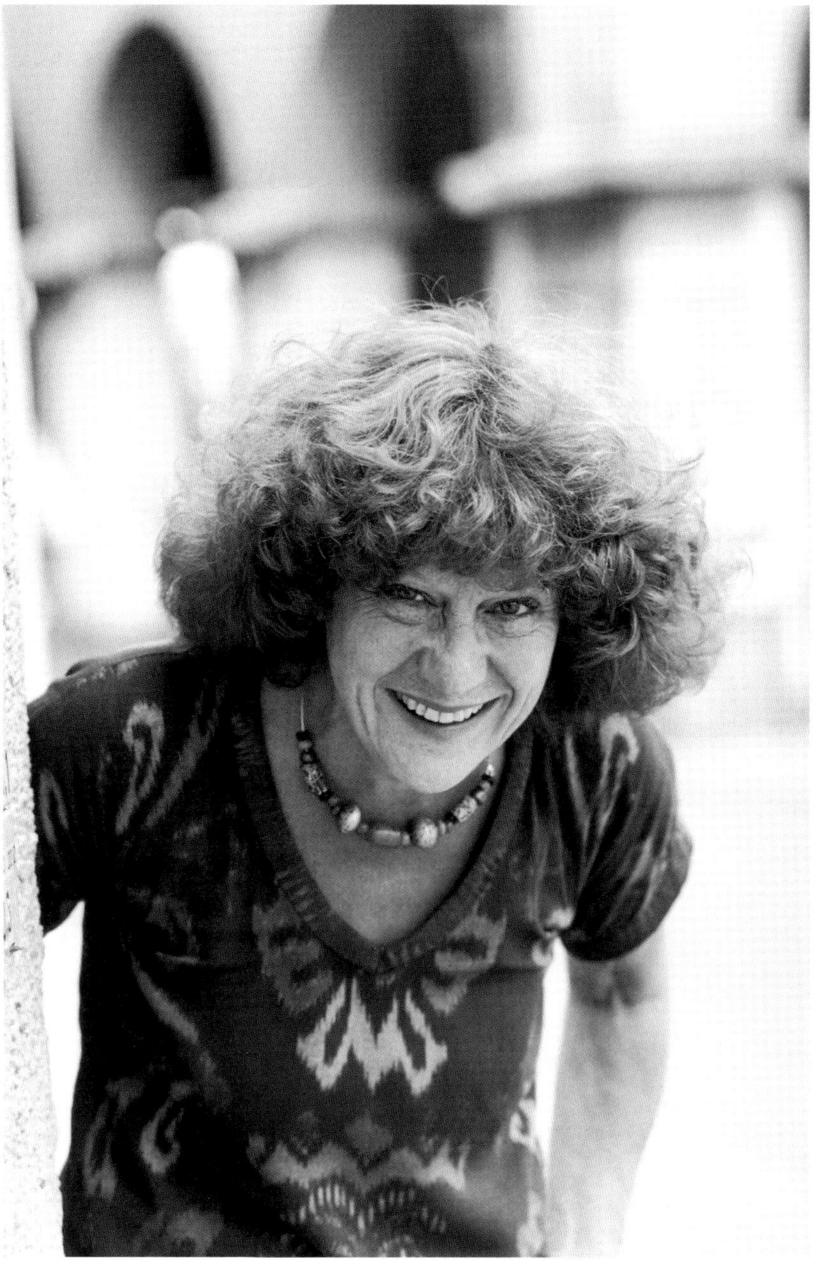

JÜRG FURRER

ist 1939 geboren und lebt in Seon. Nach einer Lehre als Dekorateur und Betriebsangestellter bei den SBB hat er sich als Cartoonist selbständig gemacht. Bekannt geworden ist er durch seine Cartoons für den Nebelspalter, heute präsent unter anderem in der Aargauer Zeitung mit Furrers Wochenst(r)ich.

Meine Zeichnung soll zum Lesen animieren

Figuren, möglichst in grosser Zahl, übten schon immer eine besondere Faszination auf Jürg Furrer aus. Mit Figuren gestaltet er denn auch seine Cartoons, und er versteht es, mit wenigen Strichen eine Situation so darzustellen, dass sie auf den ersten Blick erkennbar und erst noch humoristisch ist. Zeichnen ist Jürg Furrer allerdings nicht in die Wiege gelegt worden, im Gegenteil: «Ich hatte in der Schule im Zeichnen nie gute Noten», erinnert er sich. Im Gestalten übte er sich dafür schon früh. «Wir hatten fast keine Spielsachen, also bastelten wir sie selber.» Wen wunderts, dass er schon damals mit Vorliebe Figuren aus Karton und Stoff herstellte.

Furrers Jugendzeit war von zahlreichen Ortswechseln geprägt, denn als Bahnhofvorstand wurde sein Vater immer wieder versetzt. Daraus ergab sich eine gewisse Unstetigkeit, die ihn auch durch sein Berufsleben begleitete. Kurz vor der Matur verliess er die Kantonsschule Luzern und begann eine Lehre als Dekorateur. Hier konnte er sein gestalterisches Talent ausleben, aber auch hier fehlte es ihm an Ausdauer – er brach die Lehre ab und begann eine neue Ausbildung als Betriebsbeamter bei den SBB. Durch die SBB kam er nach Holland und ins Wallis und verbesserte seine Sprachkenntnisse. «Dann fanden meine Vorgesetzten, dass ich besser zeichnen als Billette verkaufen könne.» Und so kam er zu seinem ersten ständigen Auftrag: Er illustrierte die Unterlagen für die Lehrlingsausbildung.

Mit Zeichnen hatte Furrer indes schon vorher begonnen – für die Annabelle. Von Holland aus schrieb er Kurzgeschichten für den Schweizer Spiegel, die von Franco Berberis illustriert wurden. «Was der kann, kann ich auch», sagte sich Furrer und begann, seine Geschichten selber zu illustrieren. Mit dem Resultat, dass ihm der damalige Chefredaktor des Schweizer Spiegels, Daniel Roth, nahe legte, doch das Zeichnen bleiben zu lassen. «Es war wirklich miserabel», gibt Furrer heute zu. Er liess sich jedoch nicht entmutigen, im Gegenteil: Er übte verbissen den Umgang mit dem Zeichenstift.

Als Zeichner berühmt wurde Jürg Furrer durch den Nebelspalter, für den er mehr als 30 Jahre lang arbeitete. «So kam ich auch zu Aufträgen für die Werbung, was mir erlaubte, mich vor bald 30 Jahren selbständig zu machen.» Er werde fälschlicherweise oft als Karikaturist bezeichnet. «Ich zeichne Cartoons, keine Karikaturen», hält er fest. Glossen zu illustrieren findet er übrigens besonders schwierig, da er ja die Pointe nicht vorweg nehmen darf. Und doch soll das Bild zum Lesen des Textes reizen. Dass er sich ganz allgemein in der Welt der Comics wohl fühlt, bewies er mit seinem Engagement am *Comics-Festival* in Lenzburg, das zu seinem grossen Bedauern nicht mehr zustande kam.

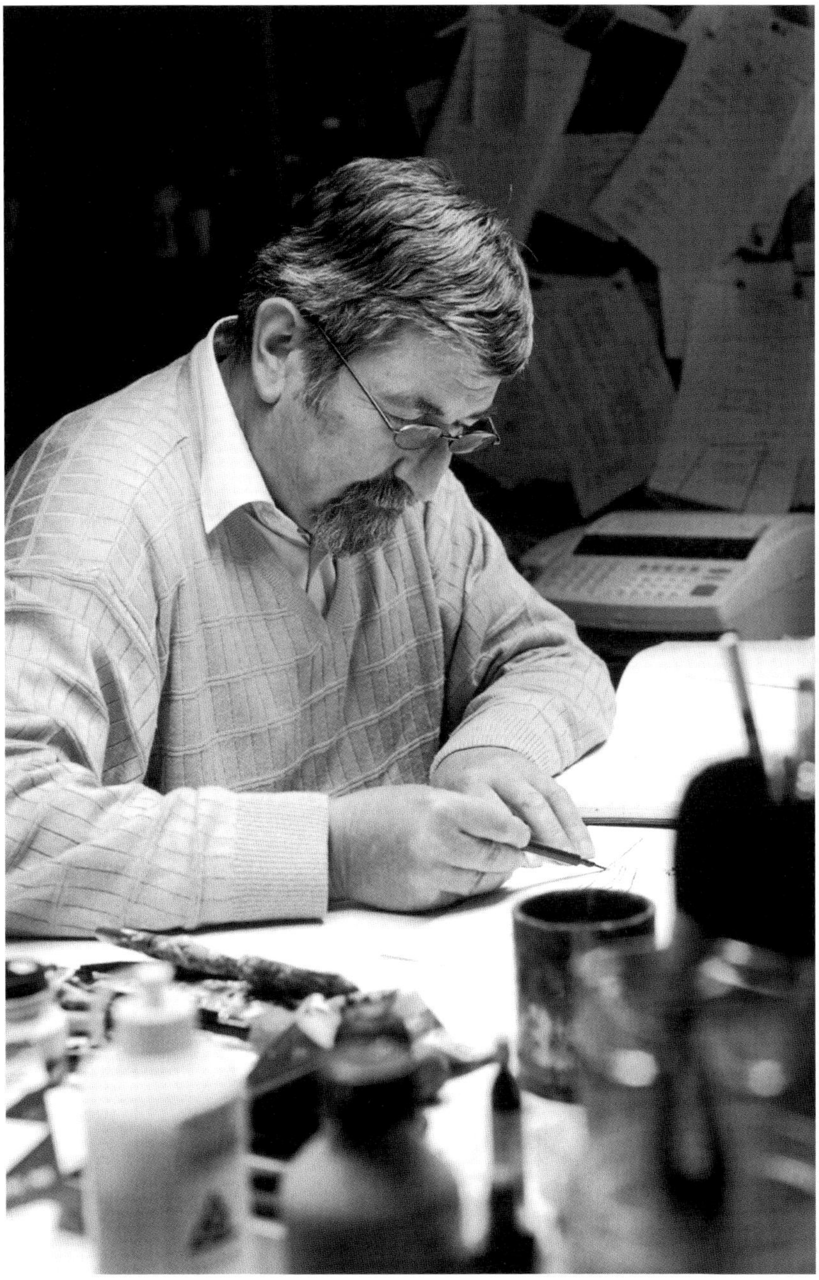

HEINI KUNZ

ist 1935 geboren und lebt in Küttigen. Nach dem Lehrerseminar Wettingen war er Bezirkslehrer in Möhlin und später Dozent an der Lehramtsschule des Kantons Aargau, auch Stiftungsrat der Pro Argovia. Seit 1957 ist er Regisseur, Darsteller und treibende Kraft beim Lehrertheater Möhlin.

Der Kein-Lust-Fall ist bisher noch nie eingetreten

Manchmal hat man das Gefühl, einem Begriff, den man vorher nur abstrakt gedacht hat, leibhaftig zu begegnen. *Spiritus rector* – gibt es ein anderes, ein besseres Wort, das die Konstellation «Lehrertheater Möhlin und Heini Kunz» beschreibt? 44 Jahre Theaterarbeit (wobei *Arbeit* hier das falsche Wort ist), die nächste wird die 59. Produktion sein. «Bei neun war ich nur Mitwirkender oder machte gar nicht mit»; der Versuch, die eigene Person aus dem Blickfeld zu rücken, gelingt nicht ganz. Bleiben immerhin 50, bei denen er Regie geführt und auch mal den Text um- oder gleich selbst geschrieben hat. Der nächste Ablenkungsversuch: «Es war gar keine willentliche Gründung, es stand keine Absicht dahinter. Wir haben einfach einmal angefangen, dieser Anfang rief nach einer Fortsetzung, und bevor wir etwas gemerkt haben, sind wir zu einer Institution geworden.»

Eine Institution ist das Lehrertheater Möhlin in der Tat. Jeden Sommer kommt eine neue Produktion auf die Bühne, Erfolg garantiert. Dabei machen die Mitwirkenden alles, damit sich die Sache nicht einfach perpetuiert. «Jede neue Produktion fängt praktisch wieder bei Null an. Wir versuchen, alles frisch aufzubauen, möglichst keine Routine eintreten zu lassen.» Dies soll allerdings keineswegs heissen, dass Kompromisse eingegangen oder die eigenen Ansprüche heruntergeschraubt werden. Alle Mitwirkenden müssen sich verpflichten, die letzten zehn bis zwölf Tage der Sommerferien dranzugeben. Wer nicht Lehrer ist, muss mindestens eine Ferienwoche opfern. Während dieser Intensivphase sind dann die Bedingungen fast professionell, wird mit höchster Konzentration gearbeitet. «Wir wollen nicht theäterlen.»

Kollidieren denn die Ansprüche an sich selbst nie mit den eigenen Möglichkeiten, gibt es keine Überforderung? «Natürlich müssen wir schauen, dass zwischen den Spielenden ein gutes Verhältnis ist. Es sind alles Menschen, sie machen das in ihrer Freizeit, es soll Lust und Spass bereiten. Wir möchten uns selbst möglichst nicht unter Druck setzen.» Dennoch lässt sich Letzteres natürlich nicht immer verhindern. Aber wenn man genau hinhört, was in der Gruppe passiert, kann man auf Krisen, die sich anbahnen, rechtzeitig reagieren.

Heini Kunz besuchte das Seminar Wettingen und hat dort das Theater entdeckt. Theater war auch im benachbarten Baden stets gegenwärtig. 1955 kam er nach Möhlin. Und spätestens jetzt ist es vorbei mit Versteck spielen. Er redet zwar von «aktiver Freizeitbeschäftigung» und davon, dass «Lehrerinnen und Lehrer ausserhalb der Schulzimmer zusammenkommen und etwas miteinander machen sollten, das nichts mit Schule zu tun hat»; aber es gibt wohl keinen Zweifel, dass er es war, der das Unternehmen ins Leben gerufen und wohl auch hin und wieder am Leben erhalten hat.

«Wir machen so lange weiter, wie wir Lust und Freude daran haben.» Daran, dass es immer weiter läuft, lässt sich ablesen, dass der «Keine-Lust-Fall» bis jetzt noch nicht eingetreten ist. Jedes Jahr stellt sich wieder die Frage: «Was ist für unsere Gruppe möglich?», und die Herausforderung wird immer angenommen. Der Idee, das Theater zum Beruf zu machen, konnte Heini Kunz bisher kaum etwas abgewinnen: «Für mich schafft das Lehrertheater das Gleichgewicht zwischen Schule und Freizeit. Dass es in der Freizeit stattfindet, finde ich persönlich gut. Wäre es mein Beruf, käme vielleicht der Überdruss. So aber ist es befruchtend.»

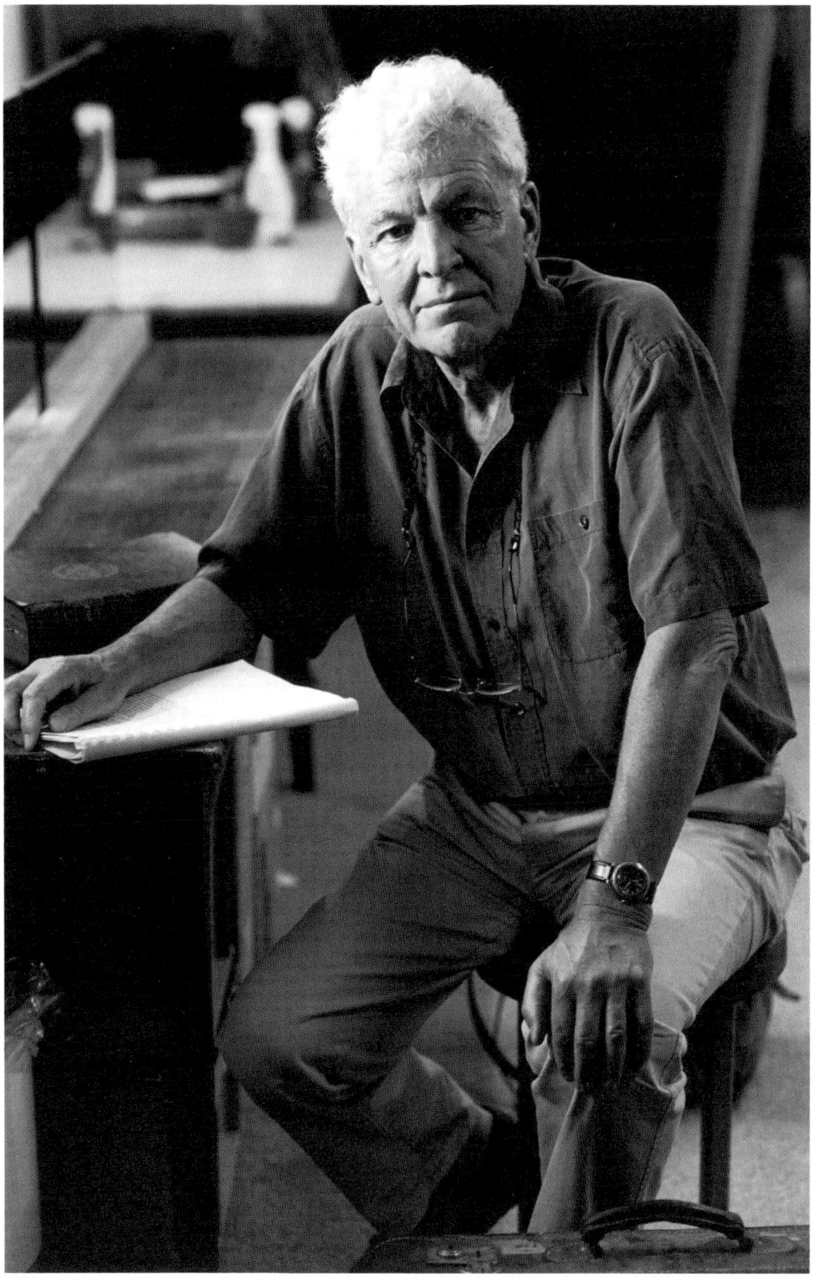

LENA VURMA

1982 in Aarau geboren, ist Studentin und hat bereits als Kantonsschülerin in Film- und Videoprojekten mitgearbeitet. Sie arbeitet als Beleuchterin im KiFF und im Opernhaus Zürich, hat selbst auch schon Theater gespielt und ist politisch engagiert in der Vereinigung *Pro Aarau*.

culturaholic

Übers Licht auf die Bühne – das ist auch ein Weg. Die 20-jährige Maturandin Lena Vurma aus Aarau ist ihn ein ganzes Stück weit schon gegangen und fest überzeugt, dass es der richtige, dass es der ihre ist. Woher sie die Gewissheit nimmt? Ihre Augen, die immer schon lieber zur Decke als auf den Boden, lieber zum Himmel als auf die Erde blickten, verrieten es ihr: «In einer Disco ertappte ich mich einmal dabei, wie ich minutenlang gebannt zur Decke hochblickte, ja meinen Blick kaum mehr von diesem zuckenden und doch leisen Spektakel über den Köpfen der Tanzenden abwenden konnte.» Wenige Monate später sollte sie selber Teil dieses Spektakels werden. Erst als Licht-Assistentin im Theater Tuchlaube, dann als Freelance-Technikerin im KiFF.

Dass der Weg nicht nur übers Licht, sondern auch übers Schüler-Treppchen auf die Bühne führt, ist ihr «organisch gewachsene Selbstverständlichkeit». Vor zwei Jahren interpretierte sie mit sichtlich viel Freude und Hingabe ihre erste Figur: ein dem Wodka verfallenes Mütterchen. Das Stück nannte sich *Gulaschoper* und kam im Saalbau Aarau zur Erstaufführung. Anfang dieses Jahres dann das zweite Stück: Georg Büchners *Woyzeck* mit Lena in der Rolle der höchst widersprüchlichen Marie, «einer Figur, die einem erst überhaupt nicht behagt, die man erst einmal überwinden muss». Sich selbst überwinden. Womöglich liegt gerade hierin der Reiz des Spiels: seinen eigenen Widersprüchlichkeiten nachzuspüren, sie aus den Untiefen der Seele ans Tageslicht, auf die Bühne zu tragen und auszuleben. Ist es eine Sucht? Wird es zur Sucht? «Es ist ein Spiel», sagt Lena. Und sie spielt es immer besser. Im Herbst wird sie ein Praktikum als Beleuchterin im Opernhaus Zürich antreten und ihr befruchtendes Hin und Her zwischen Schauspiel und Technik, zwischen *Theater T* (Aarau) und Opernhaus Zürich weiter vorantreiben.

Doch damit nicht genug: Lena Vurma ist ein *culturaholic*: Ob Schauspiel, Literatur, Musik, Film, oder Video, kaum ein Medium, in dem sie sich nicht schon versuchte und dem sie nicht Erstaunliches abzuringen vermochte. In der ersten Klasse der Neuen Kantonsschule trat sie der Filmgruppe *slipstream pictures* bei, einem kleinen Kreis von Videoschaffenden, die sich im Bereich des No-budget-Films regional einen Namen gemacht haben. Ihr erster Kurzfilm *Final News* war eine gelungene Parodie auf die VJ-Kultur von Tele 24, ihr zweiter Streich *(Auf die Spitze treiben)* eine Parodie auf die amerikanische Serie *Knight Rider*. Es folgten Video-Clips für einheimische Bands, Image-Werbespots für die Neue Kantonsschule und kleinere Experimentalfilme. Drehbuch, Kamera, Schnitt, alles scheint ihr ganz leicht von der Hand zu gehen. Wächst organisch heran. Dass dieses Pflänzchen weiteren Zuwachs findet, dafür setzt sie sich in der Partei *Pro Aarau* ein. Noch sitzt sie an vorderster Front auf der Ersatzbank, doch scheint ihr ein baldiger Platz im Einwohnerrat gewiss. Ihr drängendster Wunsch? «Dass die Stadt zu neuer Blüte reift und möglichst viele Leute in Aarau hängenbleiben.»

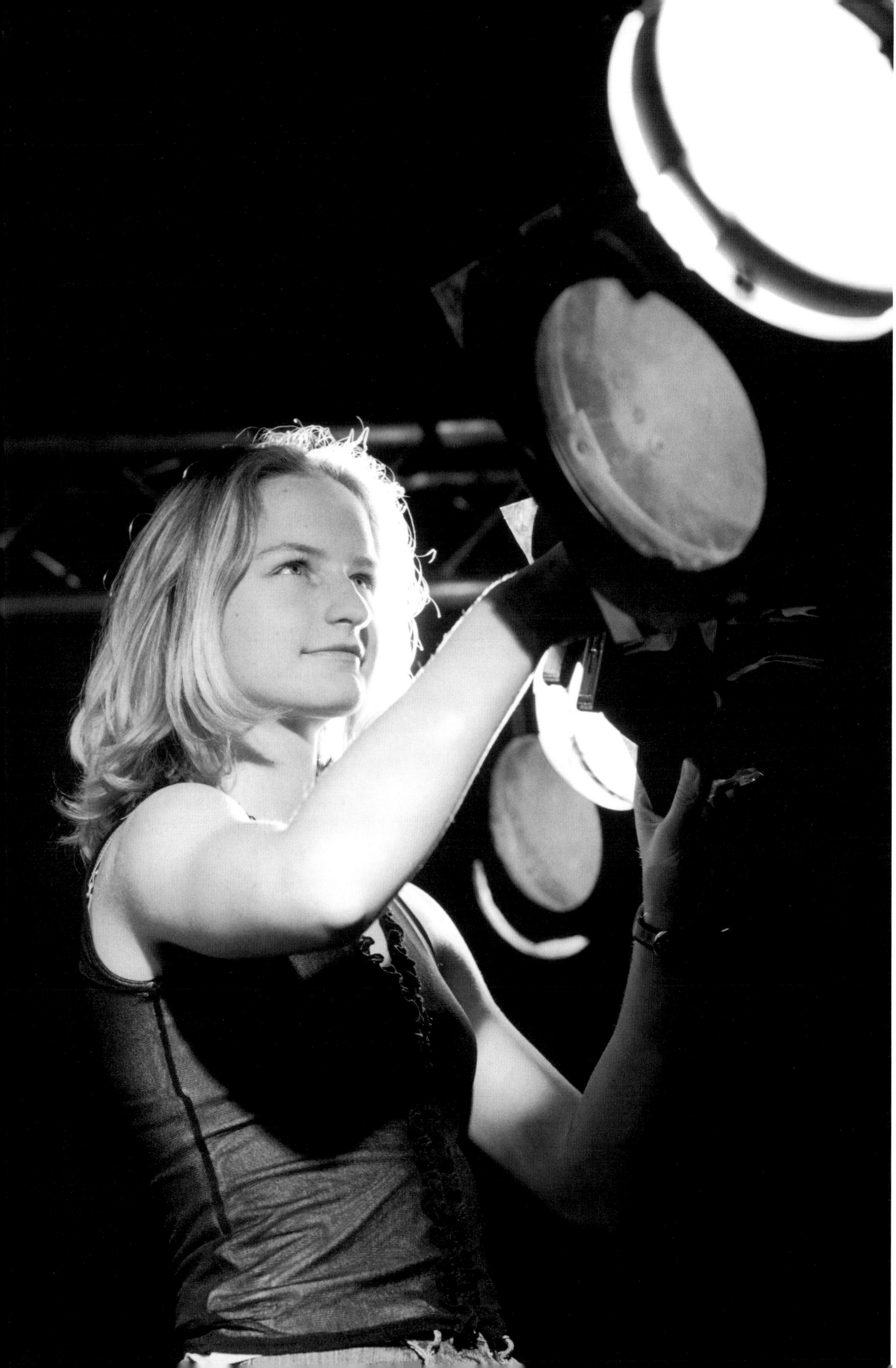

CÉCILE LAUBACHER

ist geboren und aufgewachsen in Brugg, ausgebildete Zeichen- und Klavierlehrerin, war Lehrerin an der Alten Kantonsschule in Aarau und am Frauenseminar in Brugg. Sie engagierte sich in der Kunstpädagogik, war Expertin für Kunst-am-Bau-Projekte, im Vorstand des Kunsthaus-Vereins und im Stiftungsrat der Pro Argovia.

Verschillert, vergoethet und verkleistet

Sie wollte Sängerin, Malerin, Musikerin und Tänzerin werden. Sie hat während der Kantonsschulzeit, wo andere vielleicht nur widerwillig zum gelben Reclam-Heftchen griffen, die Klassiker verschlungen. «Ich war in dieser Zeit richtiggehend ‹verschillert, vergoethet und verkleistet›.» Wo andern am Sonntag die Predigt Pflicht war, war es ihr das Zürcher Schauspielhaus. Cécile Laubacher, die noch immer in Brugg wohnt, wo sie aufgewachsen ist und die Schulen besuchte, sie hat schon als Kind ihren Kulturweg gesucht, hat ihn später gefunden und während Jahrzehnten auch Spuren gelegt. Sie hat aber auch erfahren, dass die Horizonte auch in der Kunst helle und dunkle Farbtöne haben.

Was für ein Leben! Begabt, vielseitig! Als Kind schon bat man sie, vorzusingen, später zu zeichnen und vorzuspielen. «Die Mutter war es, die mich immer hat spüren lassen, dass mein Singen sie zutiefst anspricht. Sie war eine einfache Frau. Aber ihr Reagieren, ihr Zuhören hat mich belehrt, dass Sinnlichkeit ein grosses Geschenk ist, das man ins Leben mitbekommt.» Cécile Laubachers Sich-Erinnern geschieht leise, zaghaft. Fast flüstert sie es, wenn sie sagt: «In der Schule war ich eine Träumerin. Buchstaben oder Bilder, Musiknoten – alles hat damals zur Sprache gefunden, hat Geschichten erzählt, und darin habe ich mich oft gesucht, gefunden und auch verloren.»

Dass ihr Leben sie später selber vor Schülerinnen und Schüler stellen würde, das wusste sie damals noch nicht. Klavierunterricht war ihr wichtig, später Gesangsunterricht. Im Kammerchor bei Karl Grenacher durfte sie erstmals öffentlich ihre Alt-Stimme solistisch hören lassen. Das rief nach immer mehr Engagements in verschiedenen Chören. Doch da war auch das Klavier, begabt wie sie war, sagte man ihr auch hier eine Zukunft voraus. Und was Wunder, in der Kantonsschule in Aarau traf sie im Zeichenunterricht auf Carlo Ringier, und das war dann wohl der Beginn einer langen, interessanten und leidenschaftlich geführten Auseinandersetzung mit Architektur und Bildender Kunst. Vorerst der Entscheid dann zum Studium an der Kunstgewerbeschule und Universität in Zürich, zur Ausbildung als Zeichenlehrerin und am Konservatorium in Zürich das Diplom als Klavierlehrerin. Ein Beruf, den sie jahrelang in verschiedenen Bezirksschulen, an der Töchterschule und am Frauenseminar in Aarau und Brugg ausübte, bis dann der Weg zurückführte, dorthin, wo er begann, an die Alte Kantonsschule in Aarau, diesmal als Lehrerin im Vollamt.

Doch war das nun der Hauptberuf, oder war es das Daneben, neben unzähligen Engagements für Kunst und Kultur? «Madame Kunst am Bau» war sie als Stiftungsrätin in der Pro Argovia, und Museumspädagogin in zahlreichen Kunstführungen im In- und Ausland, die Kunstexpertin in Gremien der aargauischen Kulturgesellschaften und bei Symposien zu Fragen von Architektur und Kunst.

Und wo blieb der Gesang, das Klavier, wo blieben die eigenen kreativen Arbeiten in der Kunst? Wo blieb diese grosse Liebe zur Musik, zum Wort? Es ist alles noch da. Nur, das Wort *Künstlerin* will nicht zu ihr passen. «Ich hatte zu grosse Hemmungen vor dem gewaltigen Freiraum, den die Künste erfordern, ich brauche Strukturen. So bin ich denn auch in den Lehrberuf hineingewachsen. Ich bin sehr glücklich, wenn ich spüre, dass ich zusammen mit Menschen die innern Räume zur Sprache bringen kann.»

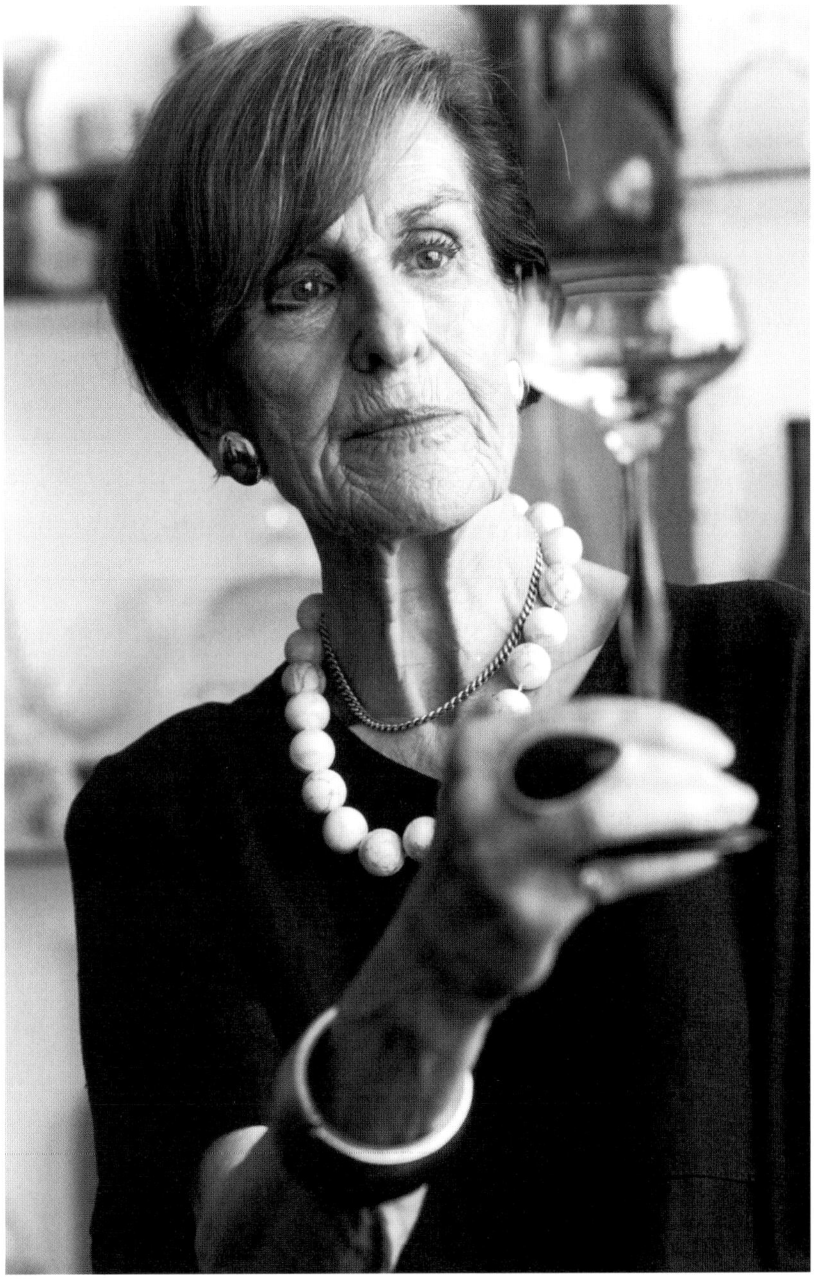

EWALD «WALO» ULYSSES LOCHER

ist 1949 in Brugg geboren und als Psychologe seit 22 Jahren Direktor des Pflegedienstes an der Psychiatrischen Klinik Königsfelden. Er war unter anderem Initiant und Projektleiter eines Strohdachhauses am Fest 2000 Jahre Windisch, führt nebenbei die Galerie Falkengasse in Brugg und hat ein kleines Museum in der Klinik Königsfelden aufgebaut.

Ich verändere weder das kulturelle Leben noch die Welt oder Brugg

«Ich bin vom Naturell her vielleicht etwas extrem», meint Ewald U., kurz Walo Locher. Die Freude am Extremen und an der Improvisation kommt nicht nur in Walo Lochers kabarettistischen Auftritten, auch als Schnitzelbänkler an der Fasnacht, oder in der Gestaltung von technisch höchst anspruchsvollen Weihnachtsfenstern zum Ausdruck. Sie hat sich vor allem in zwei Dingen niedergeschlagen, die über den Augenblick hinaus Bestand haben: in der Ausstellung *Seelenspiegel* und in der Galerie Falkengasse, im Volksmund liebevoll Galerie *Wöschhüsli* genannt, in der Brugger Altstadt.

Eigentlich hätte in dem kleinen Häuschen in der Falkengasse, das der Stadt Brugg gehört, im Rahmen eines Stadtfestes ja eine temporäre Festbeiz entstehen sollen. Das liess sich aber nicht bewerkstelligen, weil der Boden zu schräg war. «Nachdem auch ein Mieter, der den Raum als Lager nutzen wollte, nie einzog, hatte ich die Schnapsidee mit der Galerie. Das Fluidum des Raumes gefiel mir einfach.» Bei den Stadtbehörden stiess er auf Entgegenkommen. Und inzwischen sind in der Galerie Falkengasse, die Walo Locher zusammen mit seiner Frau betreibt, 56 Ausstellungen gezeigt worden.

Trotz aller Freude an der Improvisation scheint Walo Lochers Weg zur Kunst aber letztlich doch irgendwie vorgezeichnet. Von seinem Vater, der als Instruktionsoffizier der Armee neben einer berufsbedingt eher streng-formellen auch eine ausgeprägt musische Seite besass, erbte Walo Locher die Freude am Musizieren. Sehr früh eröffnete sich ihm aber auch ein Zugang zur bildenden Kunst. «Ich habe schon immer gern gezeichnet. Durch einen Schulfreund kam ich im Alter von zehn, zwölf Jahren in Kontakt mit der Kunst. Und zwar durch die Besuche im Atelier des Brugger Kunstmalers Otto Kälin. Für mich war das ein Paradies. Mit den Farben, Pinseln und Skizzen strömte das Atelier eine ganz besondere Atmosphäre aus. In diesem Atelier gingen zudem Leute ein und aus, die Künstler waren. Leute, die aber möglicherweise nicht ganz den landläufigen Normen entsprachen. Diese Welt fesselte mich.»

Die Faszination für das etwas aus den Normen Fallende dürfte Walo Locher letztlich auch zum Studium der Psychologie gebracht haben. «Ich habe immer etwas hinübergeschielt ins nicht ganz Normale. Ich wollte zwar erst Jus studieren. Mein Vater meinte ja auch, dass Psychologe kein Beruf sei.» Eine Stage in der Klinik Königsfelden stellte schliesslich die Weichen für die Wahl des Studienfachs.

Durch die Arbeit in der Klinik Königsfelden kam Walo Locher in Kontakt mit künstlerischen Arbeiten von Patientinnen und Patienten. «Bei seiner Pensionierung übergab mir der damalige Oberarzt Hans Günther Bressler das Archiv.» In diesem Archiv fanden sich unzählige Bilder und Objekte, die von Patientinnen und Patienten während ihrer Aufenthalte in der Klinik geschaffen worden waren. Zum Jubiläum 125 Jahre Psychiatrische Klinik Königsfelden im Jahr 1997 konzipierte Walo Locher aus diesem reichen Fundus eine Ausstellung. Nachdem sie auch in Bern und St. Gallen gezeigt worden war, entschloss er sich zur Publikation eines Katalogs mit dem Titel *Seelenspiegel*, in dem die fantastischen Werke, aber auch die erschütternden Lebensgeschichten der Künstlerinnen und Künstler dargestellt werden.

«Beides, die Galerie und die Arbeit am *Seelenspiegel*, hat mich immer näher zur Malerei getrieben», erklärt Walo Locher, der auch zu den Initianten der Brugger Literaturtage gehörte. «Ich habe als Nobody angefangen. Ich bilde mir aber ein, dass ich mir in all den Jahren die Fähigkeit erworben habe zu wissen, hinter welchen Kunstwerken tatsächlich etwas steckt. Durch die Galerie kam ich in Verbindung mit Leuten, die ich sonst nie kennen gelernt hätte. Es sind Leute, die mich faszinieren, weil sie sich künstlerisch mit bestimmten Themen auseinander setzen. Für mich ist nicht die Vernissage das Wesentliche. Auch der Verkauf steht für mich nicht im Vordergrund. Ende Jahr bin ich mit meiner Galerie immer im Minus. Neben der Kunst an sich fasziniert es mich, Leute kennen zu lernen. Ich verändere weder das kulturelle Leben, noch die Welt oder Brugg…»

LOUIS PROBST

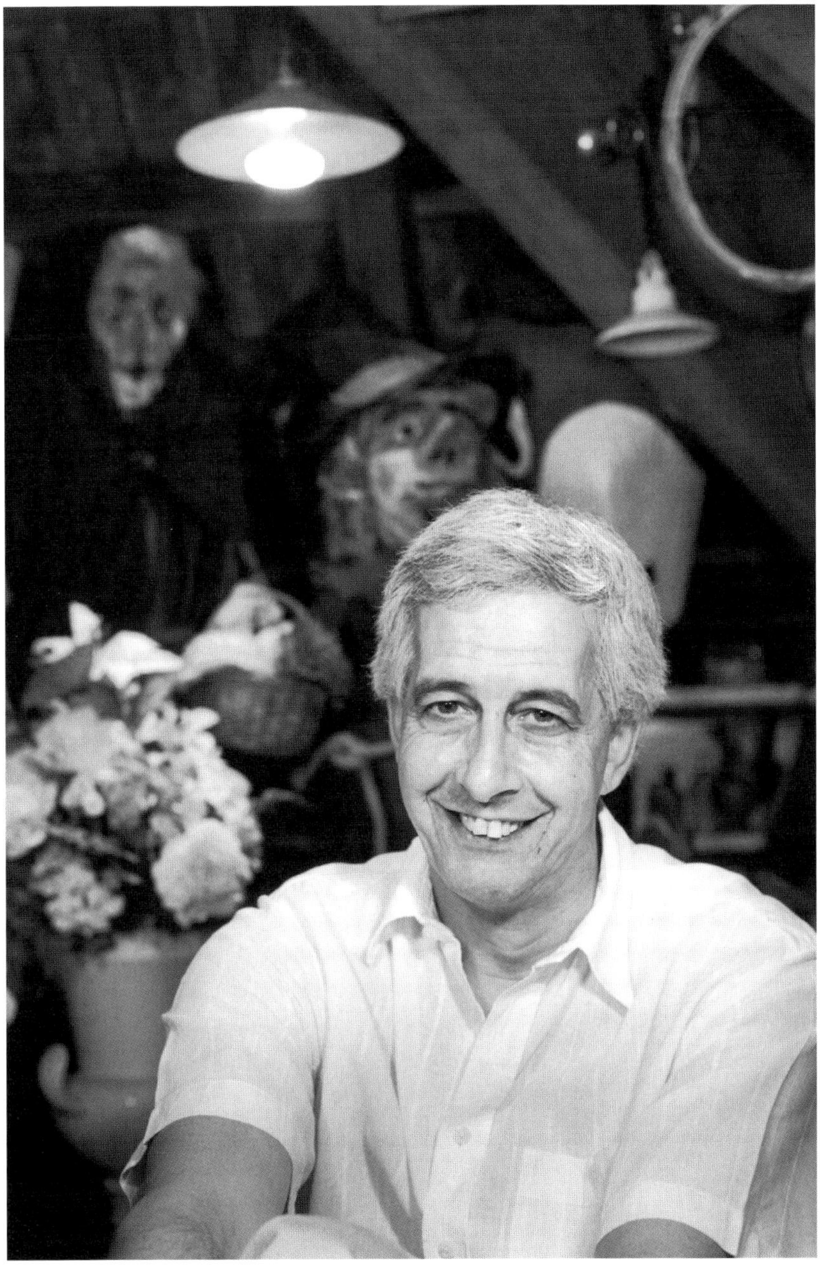

ALFRED WÄLCHLI

ist 1922 in Zofingen geboren, hat sich am Konservatorium in Zürich zum Klavierlehrer ausbilden lassen und Komposition und Chorleitung studiert. Er arbeitet als Schriftsteller und Komponist und hat mehrere grosse Bühnenwerke verfasst und aufgeführt.

graeugruetztens n wolkeband, chaosmeers n brandungsstrand…

Fünf Dramen will der Zofinger Autor und Komponist Alfred Wälchli der Welt hinterlassen. Was obiger Titel andeutet, ist ein Ausschnitt aus Wälchlis Bühnenspiel *Die Romanza der Eluvies*. Und es geht da weiter mit «…cars pneus profil in sand: / sucht, seit siecht uns an n land, / meuternschwarm / horcht, nicht welk n riese n prahln? / schreckt naecht euch n blitzleuchtstrahln?…» Vier Akte hat die Romanza, und man darf wahrlich staunen, man glaubt vorerst, in ein mittelalterliches Textgestrüpp hineingeraten zu sein. Doch die Schreibe dieses Autors hat System, hat gar Musik. Gewiss, um dies alles zu verstehen, braucht es etwas, was bei Menschen heute Mangelware ist: Zeit, viel Zeit und die Bereitschaft, sich hineinzuhören in diese grotesken, linguistischen Kreationen.

Wer die Titel seiner Werke, die Namen seiner Figuren studiert, der wird sich bald in einer verzauberten, vergeistigten Mythologie wiederfinden. Obeliscus, Cerberus, Cantantes der Chor oder Lusciniola die Nachtigall und Virguncula die Jungfrau usw. Das Dämonische drängt ebenso ins Licht wie sich das Religiöse immer wieder anbietet. Zwei Bücher mit drei Bühnentexten liegen schon vor, ein viertes Spiel, *Das Dramma der Tenebrae,* ist auf dem Papier, wurde auch schon aufgeführt, und ein fünftes Bühnenspiel wird im Moment in täglich harter Arbeit in die Schreibmaschine getippt (Marke «Erika»). Ihre Geburtsdaten dürften nicht weit weg von jenen dieses Mannes liegen, der sie nunmehr seit Jahrzehnten mit seinen Ideen, mit einer quer zum normalen Kulturbetrieb liegenden Kreativität und einem unerschöpflichen Figureninventar füttert.

Alfred Wälchli ist 1922 in Zofingen als Sohn eines Arztes und einer Lehrerin geboren. In Aarau hat er die Kantonsschule besucht, hat mit der A-Matur abgeschlossen und sich dann am Konservatorium in Zürich zum Klavierlehrer ausbilden lassen, später kamen Studien für Komposition und Chorleitung dazu. Mit 32 Jahren reifte ein erster, grösserer Kompositionsplan. Er schrieb den Text zu einem Musical. Bis heute faszinieren ihn ungebrochen Theater, klassische Literatur und die Themen der Naturwissenschaften. Wer seine Bühnenspiele liest und in diesen ureigenen Kosmos der Sprache eindringt, der meint, der Welt des Doktor Faustus und ihrer Dämonie zu begegnen. Mit dem Zofinger kommt man schnell in eine leidenschaftlich geführte Diskussion, wenn er auf den Untergang der abendländischen Kultur angesprochen wird – und mehr noch, wenn er das Desinteresse heutiger Menschen an heutigen Musikschöpfungen anprangert. Im Moment arbeitet er neben seinem fünften Bühnenwerk an einer elektronischen Komposition, *Das Tosen des Wildbachs*. Doch ob sie je aufgeführt wird, bezweifelt er selber. «Ich will mit meinen Texten, mit meiner Musik provozieren. Ich will, dass man gezwungen ist, genau hinzuhören, genau zu lesen. Das haben wir verloren, das ist ein schmerzlicher Kulturverlust dieser Zeit.»

Alfred Wälchli ist in den letzten Jahren mehrfach vom Kuratorium für seine Arbeiten mit Beiträgen ausgezeichnet worden. In seinem Werk liegen Chaos und Ordnung im Widerstreit. Und so zeigt sich der 80-Jährige auch im Leben. Wer ihn in Zofingen sucht, der wird ihn nur schwer finden. Das Haus ist umgeben von einem verwilderten, idyllischen Garten. Noch immer hängt das Schild von der Arztpraxis seines Bruders Dr. med. Walter Wälchli versteckt am Eingang zum Bürgerhaus. Genaueres weist nicht den Weg zum Dichter. Unter dem Dach hat sich Alfred Wälchli eingerichtet. Der Flügel, die Schreibmaschine, Notenblätter, Manuskripte mit Korrekturen, Bücher, herumliegend, gestapelt, zerlesen, ein Ort halt, der die Atmosphäre der Kreativität ausstrahlt, wohl auch der Stille und einer geliebten Einsamkeit.

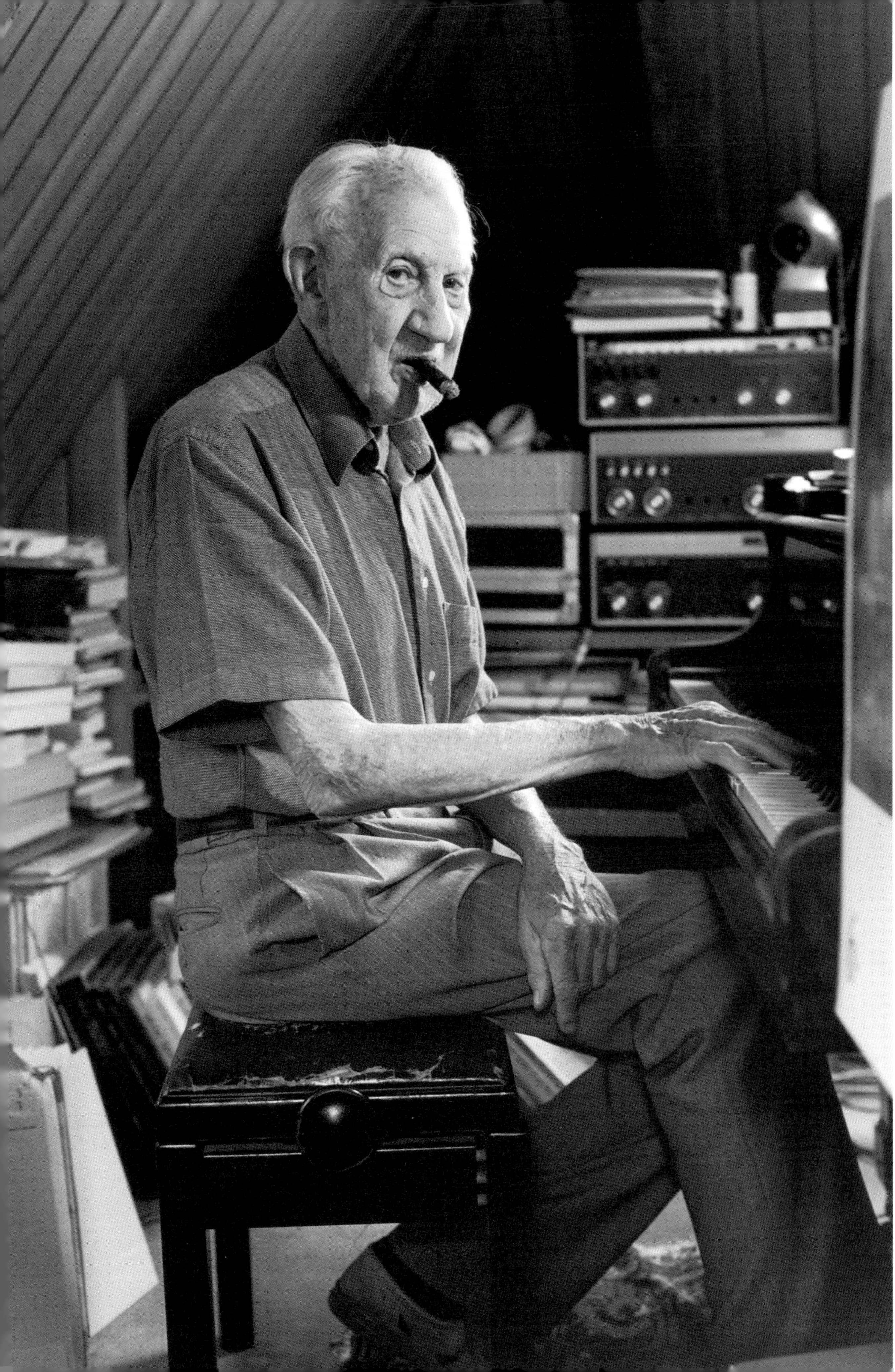

Autorinnen und Autoren

Sabine Altorfer (46)
ist Kulturjournalistin und lebt in Baden.
Peter Belart (52)
ist Redaktor bei der Aargauer Zeitung (Brugg) und lebt in Schinznach Dorf.
Christoph Bopp (46)
ist Redaktor bei der Aargauer Zeitung (Wochenende) und lebt in Endingen.
Markus Bundi (33)
ist Kulturredaktor der Aargauer Zeitung und lebt in Baden.
Max Dohner (48)
ist Schriftsteller und Autor bei der Aargauer Zeitung und lebt in Ennetbaden.
Hanny Dorer (56)
ist Redaktorin bei der Aargauer Zeitung (Lenzburg-Seetal) und lebt in Möriken-Wildegg.
Lis Frey (67)
 ist Journalistin und lebt in Brugg.
Tanja Funk (46)
ist Redaktorin des Krankenkassenmagazins *care* und lebt in Turgi.
Nicolas Gattlen (31)
ist Redaktor bei der Aargauer Zeitung (Wochenende) und lebt in Wittwil.

Hans Ulrich Glarner (43)
ist Chef der Abteilung Kultur des Kantons Aargau und lebt in Lenzburg.
Marco Guetg (53)
ist Redaktor bei der Aargauer Zeitung und freier Journalist und lebt in Zürich.
Bruno Meier (40)
ist freiberuflicher Historiker und Ausstellungsmacher und lebt in Baden.
Jörg Meier (47)
ist Mitglied der Redaktionsleitung der Aargauer Zeitung und lebt in Wohlen.
Louis Probst (56)
ist Redaktor bei der Aargauer Zeitung (Brugg) und lebt in Döttingen.
Werner Rolli (43)
ist freischaffender Fotograf und lebt in Aarau.
Silvia Schaub (39)
ist Redaktorin bei der Aargauer Zeitung (Gesellschaft) und lebt in Ennetbaden.
Hannes Schmid (63)
ist Leiter der Kulturredaktion der Aargauer Zeitung und lebt in Baden.
Susanna Vanek (39)
ist Redaktorin bei der Aargauer Zeitung (Freiamt) und lebt in Bremgarten.
Yolanda Wyss-Meier (49)
ist Redaktorin bei der Schweizerischen Depeschenagentur und lebt in Untersiggenthal.
Fränzi Zulauf (44)
ist Redaktorin bei der Aargauer Zeitung (Freiamt) und lebt in Wohlen.

Die Pro Argovia dankt herzlich den nachfolgend genannten Institutionen und Firmen und weiteren, die ungenannt bleiben wollen. Sie haben das Buchprojekt mit unterstützt und ermöglicht. Damit bringen sie zum Ausdruck, dass sie dieselben Ziele der Kulturförderung verfolgen oder mittragen wie die Pro Argovia selbst.

Regierungsrat des Kantons Aargau
Aargauische Kantonalbank
Aargauische Gebäudeversicherungsanstalt
Josef Müller Stiftung Muri
AMAG Automobil- und Motoren AG
Gebr. Knecht AG, Reisen und Transporte

Redaktion: Bruno Meier, Baden
Gestaltung: Bernet & Schönenberger, Zürich

© 2002, hier + jetzt, Verlag für Kultur und Geschichte GmbH, Baden
Printed in Switzerland
ISBN 3-906419-43-6